A DIALÉTICA DA PÓS-MODERNIDADE
A sociedade em transformação

EURIPEDES FALCÃO VIEIRA
MARCELO MILANO FALCÃO VIEIRA

A DIALÉTICA DA PÓS-MODERNIDADE
A sociedade em transformação

FGV
EDITORA

ISBN 85-225-0490-3

Direitos desta edição reservados à
EDITORA FGV
Praia de Botafogo, 190 — 14º andar
22250-900 — Rio de Janeiro, RJ — Brasil
Tels.: 0800-21-7777 — 21-2559-5543
Fax: 21-2559-5532
e-mail: editora@fgv.br
web site: www.editora.fgv.br

Impresso no Brasil / Printed in Brazil

1ª edição — 2004

REVISÃO DE ORIGINAIS: Maria Lucia Leão Velloso de Magalhães

REVISÃO: Marco Antonio Corrêa e Mauro Pinto de Faria

CAPA: Adriana Moreno (sobre layout de Márcio de Barros Gobbi)

Ficha catalográfica elaborada pela Biblioteca
Mario Henrique Simonsen/FGV

Vieira, Euripedes Falcão
A dialética da pós-modernidade: a sociedade em transformação / Euripedes Falcão Vieira, Marcelo Milano Falcão Vieira. — Rio de Janeiro : Editora FGV, 2004.
192p.

Inclui bibliografia.

1. Pós-modernismo. 2. Civilização moderna. 3. Mudança social. I. Vieira, Marcelo Milano Falcão. II. Fundação Getulio Vargas. III. Título.

CDD — 301.24

A Cila
Eleonora
Carlos

A língua é um fenômeno estético (...) A palavra é o fenômeno ideológico por excelência. A realidade toda da palavra é absorvida por sua função de signo. A palavra não comporta nada que não esteja ligado a sua função, nada que não tenha sido gerado por ela. A palavra é o modo mais puro e sensível da relação social (...) Cada época e cada grupo social têm seu repertório de formas de discurso na comunicação socioideológica (...) A palavra é capaz de registrar as fases transitórias mais íntimas, mais efêmeras das mudanças sociais (...) ondas crescentes de ecos e ressonâncias verbais (...) A palavra está presente em todos os atos de compreensão e em todos os atos de interpretação.

M. Bakhtin

Nossos agradecimentos ao dr. Sérgio
da Costa Franco pelo prefácio
e pelas observações pertinentes à
qualificação do texto.

Sumário

Prefácio

SEMPRE ENTENDI QUE OS BONS LIVROS dispensam prefácios e apresentações. E o leitor em geral concorda com esse entendimento, abstendo-se de ler introduções, para ingressar desde logo no âmago do texto e satisfazer diretamente suas curiosidades, sem o arrimo de guias ou a custódia de intérpretes.

No caso do prefácio que me solicitou o professor Euripedes Falcão Vieira, só posso atribuir-lhe o sentido de uma homenagem à instituição cultural que ambos integramos: o Instituto Histórico e Geográfico do Rio Grande do Sul. Historiador de modestas ambições temáticas que sou, antes voltado para singelos assuntos de micro-história, além de jornalista inclinado a questões de menor profundidade, não estão na minha agenda habitual os agudos problemas de transformação social e cultural que caracterizam o século XXI. Assim, meu prefácio nada pode acrescentar ao valor intrínseco da obra, que é da responsabilidade de dois ilustres *scholars*, amplamente titulados.

O que se tem denominado pós-modernidade — conceito ainda suscetível de controvérsias — envolve uma grande cadeia de fenômenos, que em sua raiz concernem à economia, pela globalização dos mercados, pelo triunfo da cibernética e pela revolução tecnológica que dela decorreu. Como seqüelas, vieram as mutações ideológicas, como o enfraquecimento dos modelos revolucionários, a perda de substância do sindicalismo, a decadência dos conceitos de territorialidade e de soberania estatal. E, num último grau de conseqüências, surgiu o agravamento dos contrastes e desigualdades sociais, em função do desemprego crônico que parece afetar tanto as nações ricas quanto as de desenvolvimento retardado. Mas, em paralelo e num alento aos ideais humanísticos, os autores prognosticam para o século XXI a valorização da educação e da elevação cultural como condições básicas de qualquer pretensão ao progresso. A qualificação intelectual dos agentes humanos será a chave de todos os processos de vitória sobre a pobreza; e afirmam, com todas letras, que "cada país será o resultado de seus investimentos em educação".

Os ensaístas perquiriram, com muita acuidade, todos os aspectos principais da pós-modernidade. E suas observações são, em grande parte, inquietantes, por nos descerrarem um quadro de agudas incertezas. Eles nos dizem taxativamente: "o cenário do futuro será dominado pelas incertezas". E embora afirmem que isso não significa uma atitude negativa em relação ao futuro, frisam que as certezas, tanto na ordem social quanto no conhecimento científico, se transformaram em meras possibilidades e probabilidades, pois uma teoria científica terá cada vez menos tempo de permanência.

Este livro dos professores Euripedes Falcão Vieira e Marcelo Milano Falcão Vieira, tanto quanto o ensaio que o precedeu — "Espaços econômicos: geoestratégia, poder e gestão do território" — abrem uma nova pauta na bibliografia dos ensaístas gaúchos, pouco afeitos, em geral, a questões multidisciplinares e de alta indagação, como é o caso da pós-modernidade. Este é um livro capaz de agitar as cabeças, abalar convicções e de abrir caminho a novos debates sobre a transformação da sociedade e do homem da era da informática e da globalização.

Sérgio da Costa Franco
Membro do Instituto Histórico e Geográfico
do Rio Grande do Sul

Apresentação

A SOCIEDADE VIVE UM TEMPO DE GRANDES TRANSFORMAÇÕES. São mudanças que conduzem à pós-modernidade, ao extraordinário mundo da dimensão humana, no qual se encenam as novas montagens dos ritos sociais traduzidos em riqueza, pobreza, conflitos e angústias. O notável na evolução da sociedade atual está na intensidade com que as mudanças se operam, deixando rapidamente para trás uma modernidade de mais de 200 anos. A última modernidade foi a da Revolução Industrial, sempre atualizada em ciclos ou ondas, cujos movimentos seguiram o ritmo dos avanços tecnológicos. Particularmente, o século XX foi marcado por acontecimentos que aceleraram as inovações científicas e tecnológicas e, portanto, as mudanças, como, paradoxalmente, as guerras mundiais, e também a revolução e o confronto ideológico.

O tempo da última modernidade foi o da sociedade industrial e da ordem social que ela desenvolveu. O capitalismo industrial assumiu o comando da economia, da riqueza, dos costumes e dos comportamentos. Foi igualmente responsável pela rede de relações de produção, de trabalho, de política internacional, de conflitos e disputas político-ideológicas sempre que os interesses hegemônicos se fizeram sentir. A presença do capitalismo industrial no mundo tornou-se mais atuante a partir da formação multinacional das organizações econômicas; presença não só na exploração de matérias-primas, conquistas de mercado, mas também como agente político que provocou quedas de governos, ascensão de regimes militares e eliminação ideológica. As grandes corporações multinacionais ditaram os rumos da política mundial em diversas latitudes, principalmente nas que representaram, e ainda representam, com nova roupagem política, a orla econômica das nações hegemônicas.

O capitalismo tem a virtude de se transformar a partir das próprias forças que desencadeia. O dinamismo que sempre o impulsionou tem entre os princípios ativos a inovação tecnológica, e com ela as mudanças estruturais, organizacionais e os métodos de gestão. Essa condição o manteve vivo e atuante mesmo quando do enfrentamento com a maior força que contra ele já se ergueu, o comunismo soviético e de seus aliados. O capitalismo, contudo, não só sobreviveu como se reestruturou e venceu a onda revolucionária do século XX, provocando inclusive a queda das ideologias contrárias.

Os Estados-nações periféricos em suas identidades e poder, diferenciados em padrões de desenvolvimento, vivenciaram dramaticamente os impactos da nova ordem mundial a partir dos anos 1990. Enfrentaram crises profundas, patrocinadas particularmente pelas mudanças introduzidas por meio do arsenal tecnológico da microeletrônica, o que provocou rupturas em diversos segmentos da ordem social. A pós-modernidade é um tempo novo no domínio tecnológico, na reestruturação do sistema capitalista, na multipolaridade produtiva, na sociedade do conhecimento, nas redes estratégicas para a interconexão dos fluxos e nas transnacionalidades hegemônicas e dependentes. É um tempo pós-industrial com referência ao perfil das indústrias e a todo o contexto social, econômico, político e cultural criado durante a Revolução Industrial. O conhecimento e a informação passam a ser o foco principal da nova sociedade.

A pós-modernidade, no tempo atual, não só manteve como ampliou a realidade contrastante. A nova ordem econômica não trouxe os benefícios esperados em sua configuração global; se a riqueza foi globalizada, a pobreza, contudo, permaneceu localizada, profunda e ampliada. A doutrina que dá sustentação à nova ordem — o neoliberalismo —, uma variante paradigmática do liberalismo econômico, usou como instrumentos de ação a dialética da abertura econômica, a queda das barreiras espaciais e fiscais, e trabalhou eficientemente no domínio do mercado de dívidas externas em países dependentes. A nova doutrina, contudo, não foi capaz de criar uma nova condição social, mais justa e menos desigual.

A pós-modernidade, erguida sob o paradigma da economia global, vive um momento de grave confronto com a condição humana. O desemprego em massa, as migrações, o empobrecimento da classe média, a violência urbana, a incultura e o lixo que dominam as artes, a música e a mídia somam-se à desestruturação das economias internas dos países da orla capitalista, a perdas significativas de soberania nacional e ao rompimento do contrato social. A crise financeira atola países potencialmente ricos em dívidas impagáveis, destrói as bases sociais e exclui socialmente parcelas significativas da população. Diante das negatividades evidentes surgem movimentos sociais independentes, dissociados de forças que já não representam os anseios superiores da sociedade. A sociedade global vive um momento de utopia e realidade. Nele descortina-se com claridade emergente o paradigma cultural, e dele desponta a qualificação do sujeito.

Diante dos avanços da ciência e da tecnologia, não há como fugir a um cenário global que envolve países, blocos regionais e organismos reguladores da produção e do comércio internacionais. A globalização é uma etapa da evolução da sociedade humana; é preciso, contudo, administrá-la de maneira conveniente para que possa produzir resultados justos para todos.

Este livro pretende contribuir para a análise, a interpretação e, mais que tudo, para a reflexão sobre os momentos decisivos vividos pelos países, pelas comunidades e pela inteligência humana nesta fase de introdução do novo tempo, o tempo de uma nova pós-modernidade.

Introdução

A SOCIEDADE ATUAL, de extraordinária complexidade, vive duas realidades antagônicas bem marcadas: a) uma ordem mundial nova, global e mudadiça, que consolida o conhecimento, o mercado, a livre concorrência e a concentração sem limites da riqueza produzida; e b) a dura realidade da dependência, da pobreza e da violência. Entre ambas está a democracia, com apelo à representatividade e à alternância política, à liberdade de expressão e de iniciativa. A democracia é tomada como um instrumento maior para a harmonia dos poderes nas sociedades em que o direito e a justiça social são paradigmas superiores. Pressionada pelo rompimento da razão social e pelos desvios das práticas políticas, a democracia vê-se também constrangida pelas desigualdades sociais, pela exclusão e pelas discriminações étnicas. A democracia se desgasta pelos abusos do poder econômico e da arrogância política, pela violência do crime organizado e pela degeneração social.

Nunca se produziu tanta riqueza, tanta ciência, tanta tecnologia, tanto conhecimento e tanta informação como atualmente; mas jamais se produziu também tanta insegurança, tanta angústia, tanta pobreza e tanta violência como nos tempos globais. A presente era do conhecimento e da informação dispõe de instrumentos para garantir um padrão de vida social e cultural digno à humanidade, indisponível em qualquer outro momento da história. Como então explicar a fome, a miséria e a incultura de mais de 2,3 bilhões de pessoas situadas abaixo da linha de pobreza? Há uma perplexa dicotomia de riqueza e pobreza social que relaciona os países desenvolvidos e os dependentes. Estes últimos endividados e com graves desequilíbrios sociais.

A sociedade está em transformação. Independentemente da dialética dos ricos e da dialética dos pobres, a sociedade se transforma ao ritmo dos novos conhecimentos, das novas relações e das novas fronteiras da ciência. As organizações públicas e privadas estão permanentemente diante da inovação tecnológica, de novas estruturas organizacionais e de novas hierarquias de poder. O tempo da modernidade industrial e burocrática cede rapidamente lugar à pós-modernidade e, nela, avança o novo perfil da produção, da flexibilização estrutural e organizacional e da desburocratização. Pode-se assinalar também o fim das ideologias políticas e o surgimento de padrões de comportamento, em todos os campos da vida social, baseados nas novas percepções do sujeito social diante das realidades que a ele se revelam.

Embora predominante na dialética da globalização, o modelo de produção — e com ele o mercado, os acordos internacionais, o endividamento e a crucial questão da dependência dos Estados nacionais periféricos — tende a reformulações conceituais e práticas. O tempo da modernidade industrial, a pós-modernidade atual e a condição humana são temas que sempre levantam dúvidas e contradições. No século XX, os conflitos sociais carregavam as bandeiras da ideologia revolucionária. Essa utopia, realizada e malsucedida, não tem retorno. O mundo do futuro, do conhecimento e da alta tecnologia não terá espaço para trabalhadores sem qualificação. O paradigma cultural no qual a qualificação do sujeito torna-se o único instrumento de ascensão social será o mote principal às estratégias do poder político. Hoje, decorridos 10 mil anos da primeira fase de organização da sociedade, pelo menos um terço da humanidade vive à sombra e à margem do processo de desenvolvimento cultural. Formação especializada e cultura poderão atenuar progressivamente as desigualdades sociais. Para tanto, o enfoque político terá que evoluir, principalmente nos países dependentes e retardatários, para a formulação de uma visão educacional estratégica e, conseqüentemente, para uma ordem de produção e distribuição mais equânime.

O fortalecimento dos blocos econômicos regionais será uma maneira de assegurar a soberania dos Estados-nações, desde que se superem as posições hegemônicas em favor de relações de troca com eqüidade. O difícil será vencer as interferências tecnocráticas de organismos internacionais atuantes sobre as economias internas dos países dependentes. O grau de dependência financeira é de tal ordem que dificilmente muitos países da periferia capitalista terão condições de safar-se do atoleiro da dívida. O mercado de dívidas externas é hoje um grande negócio para as organizações financeiras globais. Além da alta lucratividade, o endividamento externo condiciona medidas de política financeira interna aos interesses dos credores. O domínio a partir do mercado de dívidas externas tem outras duas variáveis importantes: a tecnologia e o poder militar.

Os programas de estabilização macroeconômica, impostos por organismos internacionais aos países dependentes, tornaram-se instrumentos de tirania financeira, destruição interna das estruturas de produção, privatizações suspeitas e recessão econômica com desemprego de escala. Acrescente-se a esse cenário a política de substituição dos planos de desenvolvimento nacionais pela do financiamento externo das contas públicas. O limite chegou para vários países, provocando crises financeiras sucessivas, com rolagens de compromissos que alimentam o processo de crescimento incontrolado das dívidas externa e interna. Os Estados nacionais dependentes perderam patrimônio e soberania e, com eles, os controles internos da economia. Enfraquecidos, não têm outro caminho a não ser admitir os monitoramentos e as interferências externas não só nas áreas da especulação financeira, como no processo produtivo, nas questões sociais, políticas e até jurídicas.

Na aurora do século XXI há uma condição humana que precisa ser considerada. Os países desenvolvidos participam muito pouco no *quantum* da população mundial, enquanto os países dependentes (em desenvolvimento, subdesenvolvidos ou pobres) contribuem com altas percentagens de contingentes humanos. Há grandes diferenças de qualificação humana, padrão de vida e cultura entre os dois grupos. A maior parte da riqueza mundial produzida pertence a um pequeno número de países de baixa população. Esse dado é relevante e explica a larga faixa de população abaixo da linha de pobreza, estimada em 2,3 bilhões de pessoas. Os relatórios do Banco Mundial, em especial o de 1993, são arrasadores: a população dos países pobres é constituída por cerca de 4,5 bilhões de pessoas com renda *per capita* de US$1 mil, enquanto, nos países ricos, 800 milhões de pessoas dispõem de uma renda *per capita* de US$23 mil. Em grande número de países há contingentes que dispõem de apenas US$1/dia para garantir a sobrevivência. Outro tanto, em miséria absoluta, não dispõe de praticamente nada.

A realidade da pós-modernidade não é a esperada e a desejada para a nova época. As inovações e transformações estão longe de produzir cenários de progresso, de convivência pacífica e justiça social. O mundo está em conflito político, econômico e social. Uma nova ordem mundial rompeu abruptamente com a modernidade da Revolução Industrial, instalando a época pós-moderna. O processo de transformação e inovação foi rápido, nem sempre acompanhado no mesmo ritmo por mudanças de comportamento. Os descompassos foram inevitáveis, criando desestruturações, fragilidades e vulnerabilidades. A base tecnológica da pós-modernidade é mais flexível, ágil e eficiente que a anterior. A alta tecnologia microeletrônica comprimiu o tempo-espaço, assegurando a instantaneidade dos fluxos de demandas e dos fluxos decisórios. As relações de negócios, e outras, se desenvolvem em teias eletrônicas, ampliando os contatos e interconectando os interesses. Contudo, se por um lado as inovações tecnológicas representam novos horizontes de ação, por outro criam desestruturações difíceis de contornar. O perfil das plantas industriais pós-modernas diferencia-se dos anteriores não só pelos aparatos tecnológicos como pelas relações de emprego. O perfil do profissional necessário para operar uma base tecnológica robotizada é muito diferente dos perfis representativos das categorias profissionais antigas. Há ainda em vários "lugares-mundo" da produção industrial uma convivência entre o antigo e o novo modelo industrial. A tendência, contudo, é pela mudança em curto período de tempo, o que certamente provocará ainda desestruturações e reestruturações de porte. Portanto, na unidade industrial pós-moderna, mudaram o perfil profissional, o nível de eficiência produtiva e as relações de negócios ao longo de toda a cadeia produtiva. Como sói acontecer nos momentos históricos de mudança, no tempo-espaço da transição se movimentam tanto os poderes representativos da evolução quanto os do retardamento.

Parte I

O Tempo da Modernidade

Capítulo 1

A sociedade industrial: ordenamento e relações

A ERA INDUSTRIAL ESGOTOU-SE, e, com ela, a ordem social estabelecida. O que dimensiona no tempo o predomínio de uma forma de produção e as relações sociais inerentes é, verdadeiramente, o conhecimento, o estágio tecnológico, o nível de informação e o poder de dominação. Desde os primórdios da organização social, a base da evolução tem sido marcada pelo avanço das novas tecnologias e das formas de trabalho capazes não só de produzir bens de consumo como produzi-los com qualidade, arte e diversidade. Na Antigüidade, os artesãos e suas pequenas oficinas de trabalho produziram admiráveis peças de uso prático e outras destinadas a satisfazer as exigências artísticas da época. Com meios toscos e habilidade manual, a capacidade de indústria dos artesãos evoluiu em escalas diferentes nas civilizações antigas. Na Grécia clássica, o desenvolvimento tecnológico não tinha prioridade nem incentivo público. As civilizações da Ásia e do Oriente Médio foram pródigas no aperfeiçoamento dos instrumentos de trabalho, enriquecendo os tempos remotos com arte e indústria. Durante o longo período da Idade Média ocidental, o desenvolvimento tecnológico foi pouco significativo, apesar de alguns avanços nas manufaturas e oficinas artesanais. Na fase pré-colombiana, os povos americanos, principalmente astecas, maias e incas, desenvolveram tecnologias de cerâmica, tecelagem, mineração e construção de importância histórica.

A tecnologia artesanal cobriu a maior parte do tempo histórico. O primeiro grande impacto tecnológico nas atividades humanas viria com a máquina a vapor, cuja experiência inicial se deve ao francês Salomon de Caus em 1615. Estava assentada a base para a primeira Revolução Industrial e a introdução do sistema capitalista industrial. Começava a ceder o capitalismo mercantilista, que tinha na grande empresa colonial sua principal base de sustentação. Mas foi somente a partir da segunda metade do século XVIII que se iniciou realmente a era industrial, com os estabelecimentos fabris movidos pelas máquinas a vapor e pelos milhares de braços operários — os proletários do sistema industrial. Nasciam, portanto, como resultado do novo processo produtivo que se instalava duas classes sociais que se iriam contrapor ao longo de toda a era industrial: burgueses e proletários. Os burgueses eram os proprietários dos meios de produção e também os negociantes ricos que se fortaleceram principalmente com o comércio exterior. Os burgueses da França revolucionária e da Inglaterra industrial tornaram-se os pilares do liberalismo econômico, cujos principais teóricos foram Adam Smith e David Ricardo. O proletariado, fortalecido na sociedade industrial pela produção em massa, teve mais tarde, em Marx, Engels e Lênin os principais doutrinadores. Animava-se o crescente movimento anticapitalista. No marxismo-leninismo, a mais-valia, ou o produto excedente da jornada de trabalho normal e não-remunerado, deu forma e conteúdo a uma poderosa dialética revolucionária, ideológica, que atingiria seu momento supremo em 1917 na Rússia czarista. Foi uma vitória significativa contra a chamada exploração do homem pelo homem e a luta de classes, sintetizada no apelo de Marx (1848): "proletários do mundo, uni-vos!". A revolução russa foi, portanto, o marco superior e empírico à dialética do poder proletário, como contraponto à dialética liberal capitalista.

A ideologia fragmentou a base doutrinária do liberalismo econômico. A nova ideologia, o marxismo-leninismo, assumiu um contraponto industrial-tecnológico ao capitalismo, desenvolvendo uma sociedade industrial, científica e tecnológica sem a propriedade privada dos meios de produção. Iniciava-se uma nova era político-filosófica: a das ideologias contrastantes. De um lado, o corpo doutrinário de Smith e Ricardo elevado à condição de ideologia político-filosófica: o liberalismo econômico; de outro, o contraditório à ideologia liberal: o comunismo materialista. De um lado, ainda, o individualismo na ação produtiva; de outro, o coletivismo, com a mesma função. As novas relações sociais nos dois sistemas marcaram profundamente a história dos séculos XIX e XX. Na identificação dos dois sistemas de produção — o capitalismo e o comunismo —, pode-se reconhecer variáveis comuns e outras contraditórias. As variáveis comuns são a ciência, a tecnologia, a produção; as variáveis contraditórias são a ideologia, o individualismo social e o coletivismo social. Nos dois sistemas produziu-se muita ciência, muita tecnologia (independentemente do conceito de qualidade) e muita cultura política. Contudo, o resultado desse esforço teve destinação diferenciada. Alimentou a base da iniciativa privada pelo processo da acumulação individual da riqueza, mas também sustentou uma base coletivista, de sociedade nivelada em padrões sociais. Os dois sistemas evoluíram em regimes políticos também antagônicos. O liberalismo econômico teve na representação política o seu modelo de governança. Saída de sistemas autoritários que dominaram a longa noite da Idade Média, a nova sociedade burguesa que se erguia proclamava os princípios da liberdade, da fraternidade e da igualdade. No antagonismo, uma nova forma de governo se estabelecia — a democracia representativa. A Revolução Russa de 1917 implantou outro regime, a democracia popular, dominada por um poder unipessoal com suporte numa *nomenklatura* partidária. Em ambas as democracias o contraditório está presente: liberdades individuais e liberdades coletivas, sociedade livre e sociedade vigiada, voto universal e escolha dirigida, democracia da divergência e unitarismo político.

O estágio tecnológico que marcou tão profundamente a primeira Revolução Industrial prolongou-se até a II Guerra Mundial. As tecnologias mecânicas dominaram no período, em unidades fabris com grandes contingentes de mão-de-obra. A classe operária industrial era o referencial de uma sociedade que transferia a base econômica do campo para os grandes centros urbanos. A luta de classes assumiu confrontos de escala, em movimentos que mobilizaram multidões de operários. Logo surgiriam lideranças carismáticas, com uma poderosa dialética de esquerda, progressista, contrapondo-se à posição de direita, conservadora, da burguesia proprietária dos meios de produção. A culminância desse confronto deu-se com a Revolução Russa de 1917, instituidora do Estado soviético, unindo uma diversidade enorme de etnias, línguas e costumes. Formava-se o maior organismo político-ideológico conhecido, unificando sob a mesma bandeira, num vasto território, uma multiplicidade de nações sob a denominação de União das Repúblicas Socialistas Soviéticas. Estava, finalmente, implantado um contraditor político-ideológico ao liberalismo econômico do Ocidente. Um novo modelo industrial surgia, produzindo novas relações sociais. Enquanto o capitalismo liberal impunha a supremacia do capital sobre o trabalho, o estatismo soviético empenhava-se em mobilizar grandes contingentes de mão-de-obra, o coletivismo, sob a inspiração ideológica do novo sistema político, para o gigantesco esforço de superar o atraso industrial.

A II Guerra Mundial foi um marco importante na evolução dos dois modelos de produção industrial. O esforço científico e tecnológico colocado na linha de frente do estado de guerra se transferiria, logo após o conflito, para a renovação das tecnologias, das estruturas organizacionais e dos modos de gestão no setor produtivo. Pelo lado capitalista desenvolveu-se a produção em série, consolidando o modelo fordista. A expansão imperialista do capitalismo substituiu a longa jornada colonialista, iniciada com o ciclo das grandes navegações. Os grandes investimentos em ciência e tecnologia fundamentaram o caminho para a nova revolução tecnológica a partir dos anos 1970. Do lado comunista cresceu o imperialismo ideológico soviético, a produção industrial e as conquistas científicas e tecnológicas. Ainda na década de 1950, a União Soviética abriu a era espacial com o lançamento, em 1957, do primeiro satélite artificial, o *Sputnik* e, logo a seguir, em 1961, com a subida ao espaço do primeiro cosmonauta russo. Ampliaram-se, em escala mundial, os organismos sociais de filiação operária. Foi o auge do movimento operário organizado em sindicatos, com poder de negociar e paralisar a produção industrial capitalista, e também dos movimentos revolucionários de esquerda.

A bipolarização ideológica, envolvendo modelos antagônicos de produção e de relações de trabalho, politicamente identificada como direita e esquerda, não representaria a solução para a realidade da pobreza, dos desequilíbrios sociais e da dependência dos países periféricos aos dois sistemas. A chamada direita, que identificaria o sistema capitalista, assumiu a vanguarda das inovações científicas, tecnológicas e organizacionais, embora mantendo sempre a supremacia do capital nas relações sociais. Já a chamada esquerda, identificadora da contraposição ideológica ao capitalismo, revelou-se menos avançada em termos sociais do que a própria direita. Os regimes de esquerda nivelaram a sociedade por baixo, mantendo-a em situação de pobreza estável, sem perspectivas de evolução e sob duro controle político-ideológico. Essa, talvez, deva ser considerada a causa fundamental da implosão dos regimes comunistas. A falta da práxis progressista na organização política, na renovação tecnológica e nas aspirações sociais foi determinante para a surpreendentemente rápida, e não-violenta, queda soviética.

O estágio tecnológico vem sendo, sempre com renovada força, o principal agente mobilizador de evolução da sociedade. A sociedade industrial teve suas bases mais poderosas nas tecnologias mecânicas que dominaram os séculos XVIII, XIX e a primeira metade do século XX. A mudança tecnológica que se esboçou após a II Guerra Mundial (1939-45) viria, a partir de 1970, introduzir uma segunda e grande Revolução Industrial. A época que se iniciou, com suporte na microeletrônica, redefiniu o próprio tempo industrial, caracterizando, pela profundidade das mudanças operadas, tanto nas relações econômicas quanto nas sociais, um novo tempo, uma nova época — a pós-industrialização.

O nível de informação é outro pressuposto básico à análise da evolução do capitalismo industrial. Desde as mais remotas formas de organização social, e de produção, a informação se tornaria uma variável fundamental à expansão dos negócios. Em muitos exemplos históricos, a informação foi decisiva para estabelecer uma geoestratégia de conquista e abertura de novos espaços econômicos. Em casos específicos, as grandes conquistas visavam obter novas fontes de informação sobre riquezas e terras promissoras. Aos poucos foram se estabelecendo redes de informação que favoreceriam a conquista e o domínio de novos territórios e a possibilidade de neles se explorar riquezas naturais, bem como estabelecer postos avançados de comércio. O domínio dos mares pelas civilizações antigas garantiria as informações necessárias aos planos de domínio e exploração de riquezas. As civilizações dos mares estabeleceriam pontos de apoio para o comércio na Ásia Menor, no Oriente Médio e no norte da África. A navegação e o comércio delineariam os pontos de referência para a geoestratégia dos espaços econômicos antigos. A Grécia clássica estabeleceria uma rede de novos mercados em ilhas e continentes, incluindo a Magna Grécia (sul da Itália). Mas não foram apenas os gregos que expandiram o comércio pelo mundo próximo às suas principais cidades. Fenícios, persas, macedônios e romanos ampliaram as redes de informação sobre terras distantes, suscetíveis de incorporação à dinâmica dos negócios da época. Ao longo de toda a Idade Média os mercadores foram ao mesmo tempo agentes de negócios e de informação. A partir de 1450, o clarão do Renascimento começou a iluminar as práticas e costumes na Europa ocidental. O ciclo das grandes navegações alargaria os horizontes do mundo, incorporando novas terras e novas riquezas. As expedições pré-colombianas e as que se sucederam ao grande navegador genovês a serviço da Espanha obtiveram informações preciosas sobre novas terras, novas gentes e novos tesouros naturais. Essas informações permitiram expedições de domínio, inaugurando um período de grande atividade exploratória de metais preciosos e especiarias que iria caracterizar o novo modelo econômico, conhecido como mercantilismo.

O mercantilismo abriu um novo fluxo de informações sobre as tecnologias já desenvolvidas por povos distantes. Algumas técnicas praticadas no Oriente antigo foram levadas para a Europa e incorporadas à renovação dos métodos de produção industrial. Na metade do século XVIII, o arsenal de novas técnicas aplicadas às atividades industriais já era suficiente para mudar os rumos da produção e das relações sociais. A sociedade feudal, sustentada pela economia rural, e a rica sociedade mercantilista iriam bater-se com a nova sociedade que emergia, a sociedade industrial. As mudanças econômicas e sociais operadas pela emergente sociedade industrial se refletiriam nas artes, na música, nos costumes e na política. Cresceu o fluxo de informações envolvendo a Europa ocidental e o mundo, o novo mundo americano, africano e asiático. As grandes empresas de comércio internacional se expandiriam, pressionadas pela necessidade de matérias-primas para a nova frente industrial. Uma nova e poderosa força doutrinária se estabeleceria, numa dialética rica e dominadora. Essa é outra fonte poderosa de informação. O conhecimento filosófico, doutrinário e ideológico mudou o modo de ser e agir, sustentando os padrões de comportamento, as relações sociais e de produção. A nova rede de informação fluiria da palavra escrita, da dialética que convence e diverge. As redes de comércio, indústria e idéias construíram os pilares da era industrial. Mas esse cenário do liberalismo econômico, rico e poderoso, logo formaria uma outra rede de informação: a da negação. Novos fluxos de idéias ganhariam forma na condenação da ordem social estabelecida pela tecnologia industrial. Os movimentos de resistência cresceriam, provocando enfrentamentos de idéias e conflitos violentos de rua. Os fluxos de informação já não serviam apenas para a expansão dos negócios, mas também para a contestação das formas de organização da produção industrial. As classes sociais se diferenciariam cada vez mais, deixando no topo a burguesia enriquecida com a indústria, o comércio e a navegação, e abaixo, a massa dos assalariados, embrutecida e pobre. Burgueses e proletários disputariam a primazia das idéias, e uma nova concepção se levantaria do ideário econômico de Marx: a mais-valia, um tributo às desigualdades sociais.

Na segunda metade do século XIX e na primeira do século XX foram introduzidas importantes inovações na transmissão da informação. Novas técnicas de comunicação, como telegrafia, rádio e telefonia, permitiram a movimentação mais rápida dos fluxos de informação. A geração da informação seguia o curso das iniciativas econômicas, da organização social e cultural. O desenvolvimento das antigas colônias representava um potencial de informação de interesse para as estruturas industriais mais evoluídas. A derrocada do mundo colonial e a conseqüente formação de países independentes potencializaram a formação de novos fluxos de informação, a partir da mudança de relações entre dominantes e dominados. O novo ordenamento político, jurídico, social e comercial que emergiu das guerras de libertação provocaria um redimensionamento na geração da informação. As distâncias e o tempo para vencê-las se colocavam como um obstáculo à rapidez e à eficiência cada vez mais exigidas para a concretização e a expansão dos negócios. Se uma das bases mais importantes para o progresso das atividades econômicas era a informação, impunha-se desenvolver novas tecnologias capazes de responder, adequadamente, aos anseios de fluxos informativos ágeis e seguros. A sociedade industrial dependia cada vez mais da informação sobre mercados, matérias-primas, consumo, transferências, transportes, ações e reações dentro e fora do mundo dos negócios.

A década de 1970 marcaria a nova Revolução Industrial, baseada na tecnologia da informação. Os surpreendentes e rápidos avanços da microeletrônica caracterizariam uma nova era — a do conhecimento e da informação. O tempo do capitalismo industrial clássico, e das relações sociais que produzira, chegava ao fim. Abria-se um novo mundo, marcado pelas novas formas de expansão do capital, pelas novas formas de produção — multipolaridade global —, pela queda das barreiras espaciais e pela guerra ao contrato social da sociedade industrial. Começava a época pós-industrial.

O terceiro item dessa análise é o poder de dominação. O Renascimento, o ciclo das grandes navegações, as novas terras e as novas riquezas iniciariam uma nova era. O mercantilismo capitalista lançou seu domínio sobre um mundo de horizontes em expansão. A Era Moderna começava a delinear-se. O modernismo mercantilista duraria três séculos, sendo sucedido pelo modernismo industrial capitalista. Foi o segundo pós-modernismo da história; pode-se considerar como anterior a passagem da idade da pedra lascada/polida à modernidade dos metais. A evolução do mercantilismo para o capitalismo industrial não significou apenas uma mudança na predominância do processo de acumulação de capital. Significou muito mais. Mudaram os costumes, o contrato social, as manifestações da arte, da música, da formulação teórica da ética e das novas formas de prescrições morais. Fechou-se, na verdade, um capítulo da organização social do Ocidente e outro, com novo ideário, abriu-se a novas conquistas e a novos conflitos sociais.

A Idade Moderna, a do capitalismo industrial, viu crescer como nunca o poder de dominação. Não era o mesmo poder de Alexandre ou César, o poder político-militar, mas uma nova e irradiante forma de poder: o poder econômico. A conquista da América, da África e da Ásia tivera nas armas, na religião e na escravidão suas forças maiores de posse e subjugação. Seguiu-se, não menos violenta, a dominação econômica, pela poderosa força das companhias das Índias, encarregadas de explorar, transferir e comercializar as imensas riquezas das novas terras. O poder se irradiava das metrópoles européias para as colônias com a força de imposição da nova ordem, visando a máxima exploração dos metais preciosos e das especiarias. Poder que fluía em escala por intermédio dos atores do novo cenário econômico do mundo.

A escravidão negra representou, ao mesmo tempo, um *status* de dominação e de empreendimento lucrativo. Os negros africanos eram objetos de negócio nas colônias de origem, no transporte, e de venda nos mercados de escravos das colônias americanas. A dominação sobre eles era impiedosa, em condição social inferior, dura, e em trabalhos sem a contrapartida dos direitos. A mão-de-obra escrava, pelas dimensões espaciais, pelos contingentes que a constituíam e pelas tipologias de produção sobre as quais se assentava, representou uma das mais poderosas formas de dominação social já projetada na história das atividades humanas. Na América portuguesa, nas Antilhas e no sul dos Estados Unidos, a escravidão negra era a expressão mais grandiosa de uma configuração de economia rural numa era já marcada fortemente pela industrialização. A libertação dos escravos introduziria outra categoria de trabalhadores rurais, a dos imigrantes europeus que se dirigiam para as economias rurais, mas que viriam contribuir, igualmente, para o desenvolvimento industrial em vários centros urbanos das Américas. Os negros continuaram numa condição social desfavorável, e os imigrantes, italianos sobretudo, enfrentaram dificuldades imensas para conquistar uma posição social equilibrada entre a elite produtora e os assalariados. Os dois contingentes, negros libertos e imigrantes recém-trasladados, formaram um novo espectro social, lutando para ascender numa sociedade ainda impregnada de idéias escravocratas e com profundos desníveis sociais. Os imigrantes conseguiram melhorar sua condição social, chegando, em poucas gerações, à integração à elite dominante. Os negros, contudo, permaneceram reclusos, formando a classe social de mais baixa renda e menor padrão cultural.

A dominação colonialista chegaria ao fim no auge da modernidade industrial capitalista, na metade do século XX, com as guerrilhas de libertação na África negra. Por mais de três séculos o colonialismo enriqueceu a Europa ocidental, fortaleceu a estrutura da produção industrial, proporcionou um gigantesco acúmulo de capital e motivou a doutrinação do capitalismo como força impulsora do desenvolvimento. Contudo, a contraposição social levantara-se como um contrapoder, o poder das massas trabalhadoras à margem do processo de acumulação capitalista. Esse contrapoder iria se concretizar na primeira metade do século XX com a criação do Estado soviético, que se expandiria no Leste europeu, na Ásia, na África e na América Latina, transformando o contrapoder em novo poder real e dominador.

Os anos de confronto ideológico não impediriam a expansão do capitalismo industrial. A forma colonialista impunha uma transferência de matéria-prima das colônias para as metrópoles européias, retornando parte dela sob a forma de manufaturas. Criou-se um estatuto político-econômico que diferenciava os países, territórios ou ainda colônias em fornecedores de matérias-primas — economia primária — e fornecedores de manufaturas — economia secundária —, produtores de bens de consumo industrializados ou semi-industrializados. A nova forma capitalista, após o tempo do colonialismo, foi a do imperialismo econômico. Poderosas empresas multinacionais, assim chamadas por operarem nos países fornecedores de matérias-primas, passaram a dominar o cenário político e econômico dos países periféricos ao tempo da bipolaridade ideológica. Os países periféricos foram classificados como subdesenvolvidos e localizados na subjetividade de um Terceiro Mundo, ou seja, em dimensão política e econômica inferior às duas superpotências da época, os Estados Unidos e a União das Repúblicas Socialistas Soviéticas. As multinacionais representavam, neles, países subdesenvolvidos, uma nova forma de dominação econômica.

O imperialismo econômico tornou-se uma forma de dominação por meio da forte presença das companhias multinacionais nos países subdesenvolvidos. Tinham para sustentar suas posições o suporte político-militar dos Estados Unidos, além do apoio irrestrito dos países hegemônicos da Europa. No auge do capitalismo industrial multinacional, que se confrontava com o mundo comunista e as crescentes aspirações do então chamado Terceiro Mundo, formou-se um núcleo de estudos e medidas para a análise do processo de desenvolvimento. Esse núcleo de estudos tinha um espectro amplo de ação, envolvendo, inclusive, o comportamento das pessoas em relação ao que se considerava os "valores fundamentais". A Trilateral tornou-se um conceito de domínio econômico cujo objetivo central era o fortalecimento do capitalismo perante o comunismo. Formavam a Trilateral os Estados Unidos, a Europa ocidental e o Japão. Embora criado oficialmente em 1973, o novo formato de domínio capitalista já representava um poder econômico e militar trilateral em relação aos países periféricos incluídos e categorizados, de acordo com certos parâmetros de desenvolvimento, como Terceiro e Quarto Mundos. O que ocorreu nos 10 anos seguintes foi uma mudança rápida nas tecnologias industriais e de informação que redefiniria as operações capitalistas no mundo. Por outro lado, a antiga URSS, sentindo a paralisia tecnológica, pôs em operação uma nova política de desenvolvimento, conceituada como *perestroika*. As mudanças soviéticas saíram de controle e, paradoxalmente, provocaram o desmoronamento da contraposição comunista ao capitalismo ocidental. A nova era que se abriria seria comandada pelo conhecimento, pela informação, pela multipolaridade econômica e pela unipolaridade ideológica.

A combinação das três variáveis analisadas — o estágio tecnológico, o nível de informação e o poder de dominação — representou a razão do desenvolvimento industrial tanto para o capitalismo quanto para o comunismo. Aplicada a estruturas ideológicas diferenciadas, a razão do desenvolvimento teve tempos e espaços dimensionados em escalas diversas. A razão capitalista industrial usou como base de apoio inicial o mercantilismo exploratório, metalista e comercial. Sob certo ângulo analítico, a razão capitalista industrial se confundia com a razão mercantilista, pelo menos nos primeiros 100 anos da era industrial. Portanto, trata-se de uma continuidade histórica de produção e acumulação de capital; mas sem ser um privilégio apenas dos comerciantes e das grandes empresas coloniais. Uma nova variável se impôs a partir da revolução tecnológica industrial (e com suporte nela). Pode-se, assim, definir a razão do desenvolvimento industrial como um produto da evolução histórica das diferentes formas de acumulação de capital e inovação tecnológica, uma práxis dos negócios que perpassou os séculos desde tempos remotos.

A razão do desenvolvimento industrial comunista teve outra motivação, estruturação e uma nova práxis, baseada no marxismo. Não foi a revolução industrial, a revolução das máquinas, que deu origem à razão do desenvolvimento industrial comunista, mas a revolução social, a contraposição ideológica da sociedade capitalista. A revolução social, sempre violenta, pôs fim a um sistema político e econômico retardatário à era moderna. Mas foi também uma revolução contra a modernidade capitalista que se instalara em seqüência ao mercantilismo da Europa ocidental. Invertendo o posicionamento das classes sociais, a revolução social soviética pretendia redirecionar o processo de desenvolvimento por meio de uma sociedade igualitária, eliminando a riqueza e o próprio processo de acumulação de capital. A nova razão do desenvolvimento era também materialista, como resposta incisiva ao grande poder da dialética idealista e à poderosa doutrinação religiosa. O materialismo dialético lançava sua doutrinação de mudanças sociais, dos conceitos em movimentos incessantes; em paralelo, o materialismo histórico doutrinava o condicionamento do comportamento social ao modo de produção. Estava formulada a maior equação ideológica/econômica da era industrial. A base do desenvolvimento industrial do mundo soviético foi o gigantesco esforço de guerra contra o atraso científico e tecnológico na Rússia czarista. O preço desse esforço foi brutal. A mobilização do exército de operários para o esforço industrial dimensionou o proletariado numa escala muito maior do que a mobilizada pela estrutura capitalista da época. A industrialização soviética, contudo, diante do terrível cenário da II Guerra Mundial, orientou-se para o fortalecimento militar e, conseqüentemente, para a segurança do Estado soviético. Os notáveis avanços científicos e tecnológicos obtidos, que chegaram à suprema glória de abrir a conquista do espaço em 1957, criariam um dos maiores contraditores à dialética soviética: de um lado, uma superpotência militar, e, de outro, uma coletividade nivelada em baixos padrões sociais.

Ambos os sistemas de produção industrial fortaleceriam, a um ponto crítico para a sobrevivência humana, a tecnologia de guerra. Ambos se utilizariam amplamente das tecnologias mecânicas, microeletrônicas e de informação para exercerem um amplo domínio social, político, militar e territorial. A bipolarização ideológica significou, ao longo de 75 anos, a expressão de dominação sobre espaços de periferias, delimitando a institucionalização ideológica de cada lado.

Assim como na passagem da sociedade feudal à modernidade renascentista, quando mudaram as relações sociais e os valores morais, também na transição do mercantilismo para a sociedade industrial evoluíram novas relações sociais e mais uma vez mudaram os valores morais. Embora constituindo uma massa de assalariados com baixo padrão de vida, as oportunidades de crescimento social foram se ampliando, tanto por livres iniciativas em novos negócios, quanto por oportunidades de melhorar o nível educacional. Embora a sociedade industrial tenha evoluído para a extinção dos feudos e a libertação dos servos da terra, manteve e ampliou, por longo tempo, o *status* colonial e, nele, outra forma de escravidão, a dos negros africanos. Mas é preciso considerar que, nos últimos anos do regime colonial, já se faziam sentir avanços na luta pelos direitos humanos, que haviam sido levantados desde a Revolução Francesa, com a proclamação dos princípios de liberdade, fraternidade e igualdade.

Capítulo 2

A multinacionalidade das organizações econômicas

Após a segunda metade do século XX, as multinacionais se expandiram pelo mundo com um perfil de produção industrial no qual se incorporavam muita tecnologia e muita mão-de-obra livre. Fugindo às pressões de um sindicalismo cada vez mais forte nos países de origem, essas grandes companhias partiram dos Estados Unidos e da Europa ocidental para a periferia do mundo capitalista. No Terceiro e Quarto Mundos encontraram facilidades fiscais, influências no organismo político, grande disponibilidade de mão-de-obra a baixo custo e mercados promissores. A partir da década de 1950, formou-se uma poderosa concentração de indústrias multinacionais em São Paulo, lideradas pelas montadoras de automóveis. A concentração industrial e de trabalhadores logo formaria uma conurbação, unindo a espacialidade da cidade de São Paulo a outras cidades menores e periféricas, originando uma área industrial contígua, o chamado ABC — Santo André, São Bernardo e São Caetano. O que se produziu nessa área de concentração tornou-se um marco industrial e social. Grandes complexos nacionais e multinacionais empregavam uma massa crescente de trabalhadores, incluindo, em especial, uma categoria social — a dos metalúrgicos —, que viria a ter grande influência na vida política do Brasil.

O perfil industrial era o de plantas com os avanços da tecnologia da época, porém ainda utilizando milhares de trabalhadores. Os sindicatos se multiplicaram e adquiriram força reivindicatória com forte poder de paralisação, ou seja, de greve. A influência dos sindicatos paulistas se espalhou pelo Brasil, fortalecendo o confronto capital/trabalho. O poder que emergia dos sindicatos do ABC foi tão forte que acabou originando um partido político, o Partido dos Trabalhadores, com grande peso específico no cenário político brasileiro. No Brasil, o sindicalismo veio com a modernização das leis sociais da era Vargas, garantindo direitos antes não observados e respeitados pelos detentores dos meios de produção.

A sociedade industrial ordenava o contrato social, as regras morais, o direito à propriedade e à geração do lucro com tal poder que não admitia movimentos sociais e políticos que pusessem em risco seus interesses. Na América Latina, particularmente, o complexo industrial-militar impôs regimes de força durante mais de 20 anos, já nos estertores de uma era que viria a ser derrubada não pela ameaça comunista, que também desmoronaria praticamente no mesmo tempo histórico, mas pela mudança imposta pela evolução da ciência e da tecnologia. A transição da era industrial à pós-industrial, ou da longa era moderna à pós-moderna, reduziu sensivelmente a importância das organizações sindicais e das relações de trabalho do antigo contrato social. A transição tem mostrado uma face pós-social; o rompimento do antigo contrato social deixou um vácuo em relação ao ordenamento das novas condições de trabalho, impostas pelo processo de mudança.

A multinacionalidade das organizações econômicas expandidas na era industrial formaria uma poderosa base de apoio para a nova formulação produtiva, para o desenho da globalização. A multinacionalidade das maiores e mais bem estruturadas companhias sediadas nos Estados Unidos e na Europa ocidental identifica-se com a fase do chamado imperialismo econômico, pois de suas atividades econômicas não se estabeleceram apenas relações de produção e trabalho, mas um formidável complexo de influências políticas. Tais influências se exerceriam sempre que os interesses das empresas multinacionais fossem afetados por interesses nacionais; ocorrendo a culminação, se necessário, com a queda de comandos políticos. Um amplo ciclo de intervenções militares nos países periféricos marcou profundamente não só as relações das companhias multinacionais com os governos nacionais como, particularmente, os vínculos de dependência com as potências hegemônicas da Europa ocidental e, principalmente, com os Estados Unidos. Um forte e complexo suporte político, militar e ideológico se formaria para garantir os interesses das companhias multinacionais em áreas de proliferação de ideais nacionalistas ou de pregação ideológica de esquerda.

Os grandes conflitos ideológicos que eclodiram na periferia do sistema capitalista, resguardadas as diferenças continentais históricas e culturais, conduziriam a ações cada vez mais duras para as massas contestadoras. Contudo, as resistências, ainda que sufocadas por violenta repressão, acabariam por encerrar os ciclos militares e abrir caminho a novas formulações à expansão capitalista hegemônica na ampla área periférica a seus centros de ação. O poder dialético de pregação da cultura econômica de mercado se alicerçava no pressuposto de que a noção de liberdade e democracia se associava à livre iniciativa no mundo dos negócios. O tempo da redemocratização, na concepção liberal, retomou, na maioria dos países periféricos, nas últimas décadas do século XX, a ordem política representativa, restabelecendo os princípios democráticos, embora ainda maculados por vícios eleitorais, pela corrupção e pelo tráfico de influência. Para as elites dominantes, a democracia liberal-industrial correspondia a um contraponto positivo à democracia do proletariado, cuja prática mostrava cerceamentos inadmissíveis às liberdades, aos direitos humanos e à ascensão social por livre iniciativa.

O grande conflito estabelecido entre as duas forças ideológicas — a do liberalismo econômico e a do comunismo soviético — não inibiu a expansão capitalista. Ao contrário, resguardada em seus interesses pelo aparato militar norte-americano, particularmente, as grandes companhias multinacionais avançaram pelo mundo, dominando recursos naturais e mercados de consumo, tanto nacionalmente quanto em blocos regionais. As empresas de atuação mundial dominaram também a ordem política, financiando campanhas eleitorais e montando poderosos agenciamentos de influência nas decisões políticas, garantindo, quase sempre, privilégios não concedidos às empresas nacionais. Dominando a grande mídia com patrocínios de vulto, asseguravam a informação e a comunicação numa visão de democracia e liberdade que se contrapunha aos movimentos sociais contestatórios. Como esses movimentos sociais vinculavam-se a modelos de democracia proletária, cuja visão de liberdade era problematizada por cerceamentos políticos e baixo nivelamento social, a dialética da democracia capitalista encontrava eco em amplas faixas das classes média e média alta, imunes à pregação revolucionária. Nas experiências vividas, as forças de um e outro lado exerceram, a seu modo, o domínio da sociedade, sem que, na prática, os problemas sociais pudessem ser devidamente equacionados.

A riqueza e o poder das companhias multinacionais, dominando mercados e investindo pesado em setores-chave da economia, acabaram por produzir um grande paradoxo socioeconômico. O Brasil, por exemplo, tornou-se a oitava economia industrial do mundo, embora, ao mesmo tempo, tenha produzido uma das maiores desigualdades sociais conhecidas. Aos poucos, o capital estrangeiro foi ampliando sua influência nos organismos nacionais, provocando rupturas no ordenamento nacional. O econômico passou a ter uma relevância maior em termos políticos e nas regras jurídicas, o que gradualmente iria mudar hábitos e procedimentos, formando uma nova cultura de valores e significados muito mais identificados com a ordem externa do que com a interna. As atividades das empresas multinacionais no mundo capitalista periférico construíram um cenário de ante-sala para a passagem das economias nacionais à economia global. Essa passagem foi favorecida e impulsionada pela revolução das tecnologias eletrônicas e pelo desmoronamento do imenso organismo ideológico soviético. Abria-se, assim, de maneira surpreendente e rápida, o portal que conduziria à globalização econômica e ao novo tempo ideológico: a variante neoliberal.

A multinacionalidade das grandes companhias, que atuavam direta ou indiretamente em todos os quadrantes do mundo, representou o modernismo ideológico do mundo ocidental. A democracia capitalista foi, de certo modo, a culminância histórica da forma de produção industrial, da conquista de mercados, da divisão internacional do trabalho e dos costumes políticos e sociais que marcaram profundamente a época moderna. Esse foi, insofismavelmente, o espectro da sociedade industrial nos centros hegemônicos da economia e que se projetaria para a periferia capitalista. Os vínculos de dependência da ordem política local ao poder das grandes corporações multinacionais comprometeriam todo o processo de desenvolvimento da maioria dos países onde elas se instalaram. No Brasil, a partir da segunda metade da década de 1950, a instalação das primeiras montadoras de automóveis, exercendo influência de poder, reorientaria o plano estratégico de transporte. As ferrovias foram abandonadas em favor do rodoviarismo, cujas conseqüências negativas para o escoamento da produção rumo aos mercados externos, via portos marítimos, ainda hoje se fazem sentir. À medida que os espaços produtivos nacionais foram sendo dominados pelos interesses externos, duas variantes se estabeleceram no processo de construção das economias dependentes. De um lado, a perda gradativa dos controles internos; de outro, o domínio de mercado, com influências diretas no comportamento do consumo, na formação de novos hábitos e nos condicionamentos sociais. Iniciava-se dessa forma uma ruptura social em relação aos padrões estabelecidos desde os tempos do colonialismo. Instalava-se, na verdade, a evolução dos costumes que rompia com os padrões estabelecidos pela tradição que perpassava lentamente o tempo da modernidade periférica.

Há dois momentos significativos para a introdução da modernidade industrial na periferia capitalista. O primeiro corresponde a sociedades fechadas e retardatárias à evolução dos costumes até a II Guerra Mundial. O segundo momento, a partir do pós-guerra, representa o tempo das cunhas de abertura à economia e aos costumes externos, por influência das companhias multinacionais. É provável que esses momentos da modernidade ocidental no sistema periférico capitalista, por influência das grandes corporações multinacionais, não tenham sido ainda avaliados devidamente. As montadoras de veículos automotores, para exemplificar, não só condicionaram a tendência rodoviária na formulação de políticas de transportes, como mudaram os hábitos pessoais de demonstração de *status* social. Possuir automóvel e trocá-lo regularmente, e a possibilidade de acesso a modelos mais sofisticados representavam nova condição social, uma ruptura com o passado que se distanciava rapidamente. Essa ruptura nos costumes estabelecidos e na representatividade social não se limitaria a um ou outro item do novo *status* social. O tempo de mudança corria rapidamente, identificado em novos comportamentos sociais, quase sempre de curta duração. As últimas décadas da era industrial foram tempos de transição no uso de novas tecnologias e comportamentos que se aperfeiçoaram e mudaram em curto prazo. Nada mais é permanente, ou, de outra forma, o permanente encurtou seu período de vida, de modo que o sentido da mudança, na verdade, não permanece, apenas transita.

A realidade, já no final da era industrial, e mais fortemente no início da era informacional, como se verá em outro capítulo, evoluiu e se transformou pelo ritmo das inovações tecnológicas e pela prevalência do conhecimento. Essa será, indiscutivelmente, a realidade da nova sociedade pós-industrial.

CAPÍTULO 3

Ascensão e queda das ideologias

A IDADE MÉDIA PRODUZIU O SISTEMA FEUDAL como forma de organização de parte da sociedade ocidental. As idéias, as leis, os costumes, o ordenamento político, social e econômico deram formato a um conjunto de idéias que caracterizaria a ideologia do feudalismo, o primeiro grande ciclo ideológico do segundo milênio. A época foi marcada também, e profundamente, pela razão teológica, de inegável influência sobre a sociedade feudal. A imposição da fé católica em determinadas circunstâncias tornou-se um dogma violento, que levou ao massacre e à escravidão pessoas e populações indefesas. A concepção ideológica, por vezes mais teológica do que ideológica, mas sem dúvida uma ideologia político-religiosa, foi um brutal instrumento para a usurpação de direitos e a servidão humana. O feudalismo foi o sistema ideológico de domínio que os senhores feudais exerciam sobre parcelas da população, curvadas aos princípios da exploração máxima do trabalho, de um lado, e, de outro, ao usufruto de privilégios e ociosidades extremas. A razão social só era reconhecida para as minorias que detinham, por herança ou usurpação de poder, o direito, ilegítimo, de explorar e dominar.

A ideologia das sombras não produziu apenas a dominação e a exploração econômica e social. Produziu igualmente a mais chocante restrição ao desenvolvimento das ciências, dos costumes e das idéias inovadoras. As violentas perseguições, as mortes cruéis e as imposições de modelos conceituais divinizados inibiam o florescimento da inovação tecnológica e de idéias. Sem a razão crítica, a sociedade feudal se arrastava pelos séculos, produzindo um enorme atraso no processo de desenvolvimento da sociedade humana. A civilização ocidental acabou envolvida por uma formidável couraça ideológica, de inspiração teológica, impermeável às descobertas que se produziam no Oriente. Mas não só evitara as contribuições de fora como agredia os centros do conhecimento que insistiam em avançar, pela crítica e pela pesquisa, em novos modelos de interpretação e evolução da realidade. As cruzadas foram um exemplo marcante da intolerância e da violência contra os que pensavam diferente, como o foram também, nos últimos anos da Idade Média, as fogueiras da Inquisição. O feudalismo como sistema de produção e organização social não trouxe nenhuma contribuição significativa para a evolução da humanidade. Mas talvez se possa admitir que seu esgotamento, o enfraquecimento da ideologia que o sustentava, acabou por contribuir para a renovação das idéias e, com elas, dos costumes, das práticas sociais e econômicas.

O Renascimento foi uma notável insurgência contra o obscurantismo da dominação religiosa sobre a organização social, abrindo as portas e janelas da inteligência e das manifestações das artes para um novo tempo crítico. O ciclo das grandes navegações, a partir de 1492, romperia a couraça ideológica do feudalismo na Europa ocidental; contudo, paradoxalmente, alargaria o manto teológico sobre as novas terras, os novos povos, as novas formas de escravidão e as novas possibilidades de conquista de riquezas. A Europa ocidental se modernizava, evoluía e enriquecia com as riquezas e o massacre das populações nativas das Américas, da África e da Ásia. O mundo que se libertara do obscurantismo feudal era o mesmo que transferia suas experiências de dominação, exploração e morte para além-mar.

O mercantilismo, segundo grande ciclo ideológico, a partir de 1450 consagraria a nova ideologia. O comércio sem fronteiras criou os princípios que iriam formatar a nova ideologia dominante. Os três séculos que se seguiram, ainda que pagando inicialmente os tributos de transição ao romperem com o aparato ideológico medieval, permitiriam a renovação dos costumes, das artes e da ciência. Caíam as barreiras da intolerância, ou pelo menos se abrandavam, favorecendo a eclosão de novos ideários, formulações filosóficas, métodos científicos ainda que sob forte condicionamento religioso. O comércio se internacionalizou em escala mundial, diferenciando dois grandes empreendimentos: o estatuto da conquista, e com ele o estabelecimento do sistema colonial, e uma nova estrutura para as relações comerciais. O mercantilismo estabeleceu a era do comércio, do enriquecimento de nações e pessoas pela exploração colonial e pelas trocas internacionais. As imensas riquezas em ouro, prata e especiarias das Américas, da África e da Ásia fariam a fortuna dos países colonizadores e o infortúnio das populações nativas colonizadas. Não houve meio-termo, não houve complacência, não houve muito menos colaboração. As armas, a cruz e a cobiça dominariam e massacrariam, impiedosamente, as civilizações nativas mais evoluídas e converteriam à fé do colonizador as de menor grau de organização social.

A ideologia do mercantilismo foi tão forte que avançou pela nova era que se instalara a partir de 1750. A industrialização iria abrir o terceiro grande ciclo ideológico, fortemente apoiada nas novas relações de produção e trabalho. Um grande e bem sustentado aparato jurídico e político evoluiu para garantir o novo formato das idéias de propriedade, liberdade e democracia. As classes sociais ganharam uma nova e dual classificação: os operários e as elites dominantes (proprietários dos meios de produção). Por mais de dois séculos a nova simbologia ideológica consagraria a luta de classes entre burgueses e proletários.

A doutrina liberal, incorporando os anseios da burguesia industrial, que por sua vez os recebera da ideologia mercantilista, se apoiava em três pressupostos básicos: propriedade privada, liberdade política e democracia representativa. Economistas e filósofos de grande expressão garantiriam as bases doutrinárias a posturas políticas capazes não só de assegurar os princípios sadios da liberdade e da democracia, como de justificar, em muitos casos, os privilégios e abusos cometidos. A propriedade privada dos meios de produção foi colocada como um direito inalienável à liberdade e, conseqüentemente, à democracia. A liberdade política, vinculada indissoluvelmente à iniciativa privada e à democracia, expressava, sem concessões, os direitos à propriedade privada e à representatividade política. Na verdade, o liberalismo econômico, assim como sua versão moderna — o neoliberalismo —, gozava de supremacia na organização social, pois, a partir dele, se estabeleceriam os princípios políticos e jurídicos que norteariam o poder estabelecido. Da mesma forma, a partir de 1917, o comunismo marxista-leninista introduziria a propriedade estatal, a liberdade dirigida e a democracia revolucionária.

A pirâmide social da democracia industrial foi sendo erguida progressivamente, à medida que se ampliava o universo dos estabelecimentos fabris. A massa de operários tornou-se um fenômeno social importante, tanto para a produção dos bens de consumo, quanto para a sustentação do próprio sistema industrial e, ainda, para o enriquecimento da nova burguesia. As elites industriais, cada vez mais poderosas, disputavam com as elites comerciais e rurais o domínio da sociedade. O poder de influência exercido sobre a organização política resultou em leis, normas e códigos, que respondiam aos interesses da nova classe social.

A entrada em cena da força industrial dos Estados Unidos no século XIX iria confrontar-se com os velhos mandamentos das hegemonias industriais da Europa ocidental, ainda impregnadas de conceitos mercantilistas e religiosos. O fato relevante nesse confronto seria a autonomia com que as estruturas políticas e de produção dos Estados Unidos evoluíram sem dependências dos países europeus, principalmente da Inglaterra, o poderoso império onde o Sol nunca se punha. A ética protestante, dominante desde os primórdios da formação dos Estados Unidos da América, ao contrário da secular influência católica na Europa ocidental, favoreceu o desenvolvimento material da nação norte-americana, priorizando a escolaridade, os ideais de liberdade e a democracia representativa. Esses foram pressupostos essenciais para que os Estados Unidos, no mesmo período histórico da outra América, a Latina, alcançassem a independência já na aurora dos grandes fluxos migratórios. A ética católica expandiu pelas colônias portuguesas e espanholas o sentimento da prevalência espiritual sobre a realidade material da vida, a virtude da obediência ainda que sob as mais cruéis formas de dominação e exploração humana. A força da fé católica, imposta muitas vezes pelas armas, contribuiu para a construção de um imenso edifício ideológico-teológico que marcaria, até o presente, o comportamento das sociedades latino-americanas. Por vezes os agentes disseminadores do catolicismo na América Latina tiveram confrontos com as próprias forças que ideologicamente apoiavam. Os jesuítas enfrentaram a sanha devastadora dos bandeirantes nas frentes de expansão dos domínios portugueses na colônia brasileira, principalmente nas organizações comunitárias teológicas guaraníticas, conquistadas, pela fé, sob dramáticas condições. Mas esses episódios não produziram alterações significativas no comportamento da Igreja Católica em relação à ideologia do liberalismo econômico. Na verdade, a Igreja Católica tornou-se uma grande empresa de fé e obtenção de recursos materiais nas colônias portuguesas e espanholas. O fausto ritual, as artes dos símbolos, o esplendor construtivo só foram possíveis com a participação da Igreja Católica nos espólios dos processos civilizadores pré-colombianos e, após, no modelo de construção das colônias que, por sua vez, se projetou além dos eventos históricos de independência.

Os Estados Unidos e a América Latina seguiram caminhos diferentes, tanto na ordem política quanto na ordem econômica. É difícil situar a maior ou menor influência de uma ordem sobre a outra. O mais razoável é procurar entender os processos históricos que deram origem a uma e a outra forma de organização social. Nos Estados Unidos, o primado material ergueu uma imponente estrutura política; o discurso político, na verdade, expressava o anseio em garantir a livre iniciativa, a independência política, os novos padrões morais de comportamento social e pessoal. A organização política representava essa ideologia, formando-se uma íntima e indissolúvel conivência entre a aspiração do povo, o ideal político, a estrutura jurídica e a liberdade no sentido mais puro e amplo. Esse conjunto de pressupostos ideológicos ergueria uma nação forte, determinada e soberana. Na outra vertente, o processo histórico latino produziu um outro contexto político e social, uma sociedade amarrada às metrópoles por tempo demasiado. Quando as lutas pela independência concretizaram a soberania das nações latinas, após mais de três séculos de regime colonial, a permanência dos códigos, dos símbolos e significados foi natural, na medida em que já representavam as bases de sustentação ideológica para as novas nações. Mesmo partindo do ideal de Bolívar, não foi possível recriar o caminho de uma independência mais autônoma, mantendo-se, ao longo dos anos, as relações atávicas com as antigas metrópoles.

O liberalismo, quer se trate da vertente filosófica ou da política, não se revestiu de uma categoria isonômica para as novas realidades dos Estados Unidos e da América Latina. As formulações teórico-empíricas dos pensadores e empreendedores norte-americanos e latino-americanos se diferenciaram acentuadamente do liberalismo europeu, e do inglês em particular. O poder imperial da Grã-Bretanha, disseminado por todo o mundo, especialmente na Ásia, na Austrália e na Nova Zelândia, não teve o mesmo sucesso nas colônias da América do Norte. Ainda que considerando as relações de cooperação mútua posteriores à independência dos Estados Unidos, o liberalismo econômico teve, na América, concepções próprias, tanto do ponto de vista teórico, quanto, e principalmente, na prática. Embora nos Estados Unidos os conflitos entre operários e burgueses tenham se acentuado com a expansão industrial, na verdade, as relações de trabalho, as relações sociais, os padrões de comportamento e o suporte político e institucional à industrialização foram diferenciados. Desde a metade do século XIX, a Europa ocidental vinha sendo varrida pela nova onda de confrontação com o liberalismo econômico. Marx emergiria como o grande teorizador da nova concepção de organização da sociedade, em clara contraposição à democracia industrial. A obra de Marx, secundada pela de Engels e pela dos teóricos russos, exerceria um fascínio irresistível a camadas cada vez mais densas da sociedade européia; o tempo empírico das idéias marxistas viria com Lênin em 1917.

Nos Estados Unidos, os movimentos sociais não tiveram a mesma conotação ideológica da Europa, mesmo porque, inegavelmente, a estrutura industrial americana e a defesa intransigente da iniciativa privada foram fatores inibidores para os movimentos de contestação social. O ideal americano era o do próprio negócio, da ampla liberdade de tomar iniciativas pessoais para desenvolver uma atividade econômica. Ser um empresário bem-sucedido estava acima de qualquer outra consideração pessoal, e fora do alcance de movimentos coletivistas. Por outro lado, o padrão de vida americano, mesmo para os operários, tinha uma concepção diferente daquela dominante na Europa industrial. O sistema norte-americano sempre se baseou em alguns princípios fundamentais: quanto maior o consumo, maior a produção e maior a riqueza. Para consumir muito, para caracterizar uma sociedade de consumo, era preciso muito emprego e bons salários. O alto padrão de vida das diversas classes sociais dos Estados Unidos se distanciava enormemente da situação vivida pelos operários da Europa, e mais fortemente ainda da condição social no Leste europeu. Na América Latina, igualmente, o fosso social sempre foi assustador quando se cotejam as desigualdades, tanto internamente quanto com as classes sociais norte-americanas. É natural, portanto, que o ideário liberal tivesse aplicações e interpretações diferenciadas nos quadrantes mundiais. Os limites da propriedade pública e privada, o contrato social, os níveis de dependência, os padrões de educação, o avanço científico e tecnológico e as práticas políticas são variáveis que atuariam poderosamente no âmbito da doutrina liberal. Os resultados da práxis econômica liberal foram, como não poderia deixar de ser, extremamente diversificados, embora a tese fosse mantida no discurso político.

A quarta grande configuração ideológica do segundo milênio foi o comunismo, cujo suporte teórico-empírico foi o marxismo-leninismo. A ideologia marxista se interpôs, em convivência conflitante, ao liberalismo econômico. Estava formada, a partir de 1917, a poderosa e perigosa bipolaridade ideológica que quase levou o mundo a uma catástrofe nuclear. A Revolução Russa colocaria em prática uma nova experiência de organização social, que ao longo de 75 anos marcou profundamente não só o campo ideológico, como, particularmente, o mundo econômico e científico com algumas conquistas que causariam perplexidade no mundo capitalista. Rompendo com uma sociedade atrasada e semifeudal, a Revolução Russa ergueu rapidamente um imenso organismo político, territorialmente representando um sexto da área terrestre, composto por uma variedade incrível de etnias, línguas, culturas e costumes, sob a bandeira da União das Repúblicas Socialistas Soviéticas. O rompimento com a estrutura imperial czarista foi duro, violento e definitivo. Mas não foi somente a quebra de continuidade de um poder autocrata, a queda de uma dinastia, de uma corte que se celebrou. Foi muito além. A revolução de 1917 sepultou o sistema feudal que imperava nas relações entre proprietários e servos da terra. Na Europa ocidental, a passagem do feudalismo para o mercantilismo e a Idade Moderna foi gradual, evolutiva e temporal. A Revolução Russa representou o rompimento brusco, o aniquilamento de um sistema e sua imediata substituição por outro. O preço humano pago pela mudança revolucionária foi, evidentemente, muito alto. A revolução, a contra-revolução e a invasão estrangeira (14 países) que se seguiram, no período de 1917-22, devastando ainda mais o país que os bolchevistas tentavam erguer, oferecem à análise a dimensão das dificuldades em consolidar os ideais revolucionários.

O comunismo soviético defrontou-se com três grandes desafios: a industrialização, a coletivização agrícola e o desenvolvimento científico. Na base dessas três dimensões, para o sucesso do novo sistema, estava talvez o maior de todos os desafios: a ideologia. Uma poderosa dialética de convencimento sobre as virtudes do novo sistema, ainda que impondo pesados sacrifícios às massas proletárias, foi fundamental ao esforço de crescimento. Lideranças fortes e carismáticas, saídas da própria revolução, dominariam a transformação de uma cultura de submissão secular para uma cultura de ideologia revolucionária, inicialmente pelo poder da palavra, posteriormente pelo poder da coerção e até da tirania. Foi em nome da ideologia revolucionária que, a partir dos anos 1920, teve início o programa de industrialização, que se aceleraria após 1930. Esse programa foi fundamental não só para que o novo Estado, a União Soviética, finalmente rompesse com o passado semifeudal, como, particularmente, para servir de sustentação ao esforço de defesa quando das primeiras evidências da II Grande Guerra. As conseqüências políticas da guerra garantiriam a expansão do comunismo em todo o Leste europeu, na Ásia, na África e na América Latina. No pós-guerra, a União Soviética era o contraponto do capitalismo e um exemplo prático de alternativa na organização da sociedade industrial.

A coletivização foi outro grande esforço direcionado especificamente à auto-suficiência agrícola do gigantesco e complexo país. De uma economia agrícola de fundamentos feudais, o salto proposto era para a ampla produção de grãos, introduzindo o sistema coletivo de produção e o uso de novas técnicas. A mudança social e de relações de trabalho no campo foi também brusca, exigindo um processo de adaptação rápido, baseado, como no caso da industrialização, no poder da dialética do convencimento ideológico. Após a II Guerra Mundial, apesar dos estragos produzidos pela invasão alemã, a União Soviética se mostraria ao mundo como uma potência industrial, chegando ser o maior produtor mundial de aço, e agrícola (mais de 200 milhões de toneladas de grãos/ano). No início dos anos 1950 já era conhecida a capacidade científica dos soviéticos, cujo marco mais fascinante para o mundo foi o lançamento do primeiro satélite artificial da Terra, o *Sputnik*, em 1957.

Por mais 20 anos ainda a União das Repúblicas Socialistas Soviéticas permaneceria como uma das duas superpotências mundiais, principalmente pelo potencial bélico. Contudo, deve-se admitir outras conquistas nas áreas da educação e da saúde. A formação de técnicos altamente qualificados contrastava, porém, com os ambientes tecnológicos inadequados e o padrão de vida incompatível. A sociedade soviética nivelou por baixo as aspirações de bem-estar e os acessos à elevação social, conquistas naturais aos seres humanos, mesmo fora dos padrões da competição capitalista. Não criou, além da conscientização ideológica, uma motivação maior para a sustentação do sistema, quando, a partir principalmente de 1970, foram detectados sinais evidentes de enfraquecimento da ordem social e econômica. A perda de energia interna no sistema de forças que movia o organismo soviético levou, nos anos 1980, à tentativa de reestruturação, a *perestroika*, cujo objetivo central era revitalizar e reordenar a sociedade comunista, principalmente no setor econômico. Uma nova equipe de dirigentes se formou e assumiu, sob a liderança de Mikhail Gorbachev, a gigantesca e perigosa tarefa de redefinir os objetivos e as práticas econômicas e sociais da URSS. No final dos anos 1980 já eram claros os sinais de que o gigante socialista estava gravemente ferido pelo conflito ideológico entre as forças conservadoras e as novas correntes do pensamento socialista. A vitória dos reformistas, em meio a turbulências de poder, levaria ao desmoronamento soviético no início da década de 1990, arrastando os regimes comunistas do Leste europeu. Permaneceram de pé a China e outras experiências comunistas de menor significado.

A China promoveu com sucesso sua *perestroika*, a exemplo do capitalismo, na passagem da era industrial para a pós-industrial. Sem renegar a ideologia de sustentação do sistema comunista, a China se modernizou tecnologicamente, reviu seus métodos de produção e estabeleceu novas relações econômicas com a economia globalizada. A China incorporou à sociedade comunista, nos segmentos econômicos absolutamente necessários à participação ampla no comércio internacional, a práxis capitalista. Assim, instalou nas principais áreas portuárias do país as zonas econômicas especiais para a produção de alta tecnologia, em parceria com as grandes corporações multinacionais. Aliando desenvolvimento tecnológico, modernização das unidades de produção, novas relações econômicas internacionais e uma dissociação entre os pressupostos ideológicos e o pragmatismo dos negócios, a China se desenvolveu aceleradamente e se transformou na grande potência emergente deste início do século XXI.

As ideologias que sustentaram o feudalismo, o mercantilismo, o liberalismo e o comunismo tiveram momentos de ascensão e momentos de queda. O feudalismo foi o sistema social de maior duração. Impérios absolutistas e a poderosa influência da Igreja Católica sustentaram, por mais de quatro séculos, um contexto ideológico baseado na propriedade da terra e no fundamentalismo católico. O feudalismo, como sistema ideológico, se esgotou com a progressiva entrada em cena de novos valores religiosos, comerciais, intelectuais e com o advento de novas técnicas. O mercantilismo, que o sucedera, representou uma transição do feudalismo para o liberalismo, com a valorização do comércio e, principalmente, dos novos paradigmas dos negócios estabelecidos a partir do ciclo das grandes navegações. Gradativamente, ao longo de 200 anos, o mercantilismo foi cedendo a uma nova ordem que se estabelecia com a evolução de um novo conjunto de técnicas produtivas que encaminhariam a era industrial. A nova era introduziu o liberalismo econômico e, com ele, a poderosa ideologia liberal capitalista que atravessaria, dominante, mais de dois séculos da história recente. Instalara-se no mundo ocidental a Idade Moderna, com amplas repercussões no mundo dos negócios, da ciência, da tecnologia, das artes e da política. A partir, porém, de 1970, novamente, a revolução tecnológica conduziria ao enfraquecimento dos principais pressupostos da era industrial e da pureza da ideologia liberal. Iniciava-se, rapidamente, um novo ideário comandado pelo sucesso das transformações no sistema capitalista, cujo suporte ideológico passou a ser o neoliberalismo.

A ascensão e a queda das ideologias tiveram temporalidades longas para o feudalismo, o mercantilismo e o liberalismo. O comunismo, com a liderança da URSS, incluindo os países do Leste europeu, registraria uma curta duração na projeção histórica. Porém, passado o impacto da implosão soviética, fortaleceu-se um neocomunismo representado pela potencialidade da China. Assim, a presente atualidade contém duas variantes de ideologias muito marcantes e contrapostas durante o século XX. A ideologia neoliberal, que celebra a globalização da economia, a integração de países em grandes blocos econômicos e a formação de Estados-regiões. Contracenando com ela, o neocomunismo chinês, em nova configuração ideológica, abrindo horizontes de parceria com o capitalismo, ingressando na OMC e investindo pesado no desenvolvimento científico e tecnológico. O progresso da China chega aos mercados globais com produção, moeda forte, tecnologia e um avanço científico espacial. Contudo, há uma realidade indiscutível. As variantes ideológicas da atualidade não têm o mesmo significado, a mesma força dialética, nem mesmo a bipolaridade dos tempos do liberalismo e do comunismo soviético. São estruturas ideológicas de conteúdos imprecisos, ainda com resquícios de precedências e que representam, na realidade, uma evolução mais das técnicas do que de formulações teóricas. Talvez se deva considerar que as bases teóricas ainda são, para o neoliberalismo e para o híbrido sistema chinês, as mesmas dos troncos originais. A rápida evolução das técnicas, que condicionam mudanças também rápidas nas relações de produção, comércio e de trabalho, não tem correspondente igualmente rápido na formulação de novos pressupostos ideológicos. Talvez, na verdade, não haja mais espaço para as ideologias sectárias, dos pontos de vista econômico, político e religioso. As grandes ideologias do passado foram formuladas em meio a grandes conflitos sociais, transformações econômicas e rupturas religiosas. Os ideólogos do passado tiveram tempo suficiente para as grandes formulações do pensamento humano. Foi o tempo lento das mudanças técnicas, das estruturas e dos códigos sociais. Presentemente, vive-se a contração do espaço e do tempo. A formulação teórica de uma nova ideologia chegaria à cena da pós-modernidade já desatualizada. O tempo é, pois, mais de adaptação do que de construção de novos modelos ideológicos. Por outro lado, o grande vazio ideológico atual orienta e reorienta as relações internacionais segundo acontecimentos inusitados, capazes de gerar ameaças de novos conflitos, criar insegurança na dinâmica econômica mundial, fortalecer hegemonias, aumentar as dependências periféricas e, principalmente, agravar as condições sociais de imensos contingentes humanos.

O atual vazio ideológico, acentuado a partir do desmoronamento da União Soviética, de um lado, e das grandes transformações nas estratégias globais do capitalismo, principalmente (para um registro temporal) a partir de 1991, do outro, contrasta com a poderosa bipolarização ideológica dominante no século XX. Durante os 75 anos que se sucederam à Revolução Russa, o mundo conheceu e confrontou duas grandes ideologias: a ideologia liberal e a ideologia revolucionária. A primeira foi o grande suporte do capitalismo industrial, enquanto a segunda foi o apelo mais forte do comunismo para envolver, num cenário mundial, a luta armada contra o capitalismo. A teoria socialista, como ideologia do equilíbrio social, formulada e defendida por eminentes pensadores, não foi, no entanto, posta em prática pela gigantesca onda revolucionária que se ergueu na Rússia em 1917. O que prevaleceu foi, como em todos os movimentos revolucionários de esquerda ou de direita, a emergência do poder unipessoal, e o totalitarismo dominante sobre toda a sociedade. A Revolução Russa, com uma idéia totalmente nova de organização social, não conseguiu, contudo, superar os modelos antigos de poder totalitário. Todas as formas totalitárias de poder acabam por enfraquecer e desaparecer; é como um determinismo histórico.

A força da esquerda durante o período do comunismo real, malgrado os desvios ideológicos e políticos, se sustentou, por longo tempo, pelo forte apelo revolucionário e de transformação social. O declínio da força da esquerda revolucionária viria, juntamente com o declínio do próprio sistema, quando o tempo histórico, que destrói todos os totalitarismos, chegou e rapidamente liquidou o maior organismo político-ideológico já formado. Para a esquerda revolucionária o impacto foi enorme. Abriu-se, na verdade, o tempo do vazio ideológico, ainda não preenchido com novo ideário. Os partidos de esquerda, ainda vinculados aos ideais revolucionários, e que chegaram ao poder pela via da alternância democrática representativa, estão impregnados de práticas populistas e de intolerância política. A esquerda revolucionária, na verdade, só conheceu o poder ditatorial, caracterizando uma prática política que pode ser classificada como fascismo de esquerda. Para a direita liberal, ou mesmo neoliberal, a idéia e a prática global na economia encontram resistências na medida em que amplia os desníveis sociais, a dependência e a descaracterização dos Estados nacionais. Assim, com a ruptura do tempo ideológico liberal e revolucionário emergiria um tempo de transição para a nova configuração político-ideológica, ainda sem traços bem definidos. Criou-se, na realidade, um espaço de trânsito, no qual a desarticulação do antigo se misturou à incorporação das novas concepções de democracia, liberdade e racionalismo tecnológico. Os rígidos aparelhos políticos, independentes da arquitetura ideológica, tendem a perder a força de persuasão, pois, passa a dominar a idéia de que a democracia tende a ser mais uma forma de organização da sociedade do que, apenas, a expressão de uma manifestação imposta por um regime político, como bem acentua Touraine. Nos próximos anos, a democracia deverá consolidar-se como uma forma de equilíbrio social, deixando para trás as imposições ideológicas do passado.

Os gigantescos problemas sociais da atualidade não encontraram resposta positiva quer na democracia capitalista quer nas formas remanescentes da democracia revolucionária comunista. Nem em uma, nem em outra se incorporou à prática a idéia de democracia social, plural e contrária a todas as formas de opressão das liberdades substantivas. A base ideológica para o futuro terá que consagrar a concepção de um mundo compartilhado pelas forças que impulsionam a vida econômica, social e cultural. É o pluralismo da vida social, abrindo amplas oportunidades de acesso a padrões dignos de existência, de realização pessoal e coletiva, algo contraditório a todas as formas de condicionamento, políticas ou econômicas. Para Touraine, com razão, não se pode conceber a democracia como uma forma reinante do dinheiro, do clientelismo, do espírito cortesão, das gangues e da corrupção. O pluralismo da vida social se opõe à predominância absoluta do mercado ou do povo transformado em instrumento do despotismo político. O futuro imediato certamente trará notáveis avanços na ciência e na tecnologia, principalmente nas tecnologias da vida, que conduzirão a um melhor entendimento do fenômeno da existência viva. Serão mudanças radicais, que abrirão as portas a um novo mundo, no qual não apenas a vida estará sendo reavaliada, mas também as relações conseqüentes tanto na ordem social quanto na ordem natural.

O início do século XXI está marcado por crises sem precedentes, registradas pelos parâmetros quantitativos do desemprego, das migrações, da pobreza, da violência, da intolerância e do endividamento dos Estados-nações na periferia do sistema capitalista.

O (re)ordenamento da ordem mundial num contexto pós-ideológico coloca as questões fundamentais das desigualdades na distribuição das riquezas globais, dos extremos contrastes entre países desenvolvidos, em desenvolvimento e retardatários na evolução da sociedade humana, e dos profundos, e ainda insuperáveis, conflitos étnicos. Marx acentuou a necessidade de uma teoria revolucionária capaz de gerar uma ação revolucionária. Não há, na presente atualidade, a formulação de uma teoria suficientemente densa capaz de oferecer suporte a uma nova ordem mundial. O cenário predominante é ainda de desordem mundial.

O início do século XXI encontrou o mundo mergulhado em crises econômicas, políticas e sociais em desacordo com a evolução do conhecimento, da informação e da sociedade humana como um todo. A economia global, produto da ascensão e da queda das grandes ideologias, deixou de ser um processo de desenvolvimento econômico e social para se transformar, apenas, em estratégias das grandes corporações multinacionais. A economia deixou de lado os objetivos do desenvolvimento nacional para se tornar um instrumento de domínio de mercados e realização a qualquer preço da maximização dos lucros. Perderam-se, conseqüentemente, identidades e respeito a identidades, o que enfraqueceu substancialmente muitos Estados nacionais. A política internacional responde apenas a interesses que se sujeitam a princípios éticos e à observância de prescrições morais naquilo que corresponde a interesses hegemônicos, dispensando-os quando os interesses são contrariados.

Pode-se distinguir, na atual desordem mundial, três tipos de realidades que transparecem dramaticamente na aurora do presente século: a realidade visível, a realidade oculta e a realidade mascarada. A realidade visível é a de um mundo marcado por antagonismos, por diferenças, por desequilíbrios e pela passividade ou violência das reações; pelo terrorismo da miséria, da pobreza, da incultura, da intolerância religiosa, do crime organizado e do racismo. A realidade oculta, a que está distante, não noticiada, encoberta pelos mantos protetores estendidos pelo exercício do contrapoder, de todas as formas de contrapoder, é o poderoso mundo do poder subjacente, que domina os negócios do crime organizado, tão amplo e forte que se associa às formas mais dinâmicas da economia formal ou, mais precisamente, da gigantesca economia financeira, e especulativa, global. Esse é o mundo dos negócios ilícitos, da corrupção, dos paraísos fiscais, das gangues e da riqueza sem limites. A realidade mascarada é a que tem uma face, mas projeta outra; é a falsidade das mensagens, dos valores e dos significados, é a celebração da mentira como verdade, é a lavagem cerebral, é o culto à mediocridade e à vulgaridade como instrumentação à dominação de massa.

Essas são as realidades de um tempo de dissolução nas práticas políticas, econômicas e sociais. Realidades de uma sociedade em desordem nos pensamentos e na espiritualidade. Desordem que se sobrepõe, como na imagem do Aleph de Borges, à evolução dos sentimentos, das formulações éticas, das prescrições morais, da ciência e das artes. A violência que se pratica contra a sociedade não é apenas a das bombas, dos atentados e dos massacres. É também a que se impõe aos enormes contingentes humanos condenados à pobreza, ao abandono e a todos os tipos de preconceitos. Ordem e desordem tumultuam a vida dos povos no início do século XXI; supremacias e diferenças renegadas dividem a humanidade no início de um século sem ideologias.

CAPÍTULO 4

Os Estados-nações: poder e identidade

A ORGANIZAÇÃO DA SOCIEDADE HUMANA EM ESTADOS-NAÇÕES remonta aos tempos mais distantes, à Antigüidade, quando a territorialidade começou a definir a predominância e o poder de grupos étnicos. A evolução e o fortalecimento das sociedades primitivas representaram diversos impulsos civilizadores, responsáveis pela organização social, pela formação de entes políticos, configurando as primeiras formas de divisão territorial e, nelas, as modelagens iniciais de Estados nacionais. A idéia de Estado nacional está intimamente ligada ao território e à evolução dos eventos que nele se desenvolveram e que marcaram profundamente as tradições, os costumes, a religião, a língua, a economia e a cultura.

Os Estados nacionais se formaram a partir de diversas circunstâncias históricas: fixação de grupos humanos primitivos em determinados territórios, correntes migratórias, expansão guerreira, movimento colonialista e institucionalizações mais modernas, resultantes da fragmentação de Estados nacionais multiétnicos. As nacionalidades se impuseram ao longo da história, multiplicando-se continuamente e chegando à atualidade numa composição multinacional em torno de um organismo central — a Organização das Nações Unidas. A ONU é um organismo mundial, amplo e complexo em suas finalidades, no qual estão presentes interesses nacionais, estágios de desenvolvimento, condições étnicas, hegemonias e dependências.

A Cidade-estado da Grécia antiga, o Estado imperial da Antigüidade, o Estado reino, o Estado religioso, o Estado militar, o Estado ditatorial e o

Estado democrático são algumas das configurações políticas dos Estados-nações no longo decurso histórico da sociedade organizada. Os laços mais fortes identificadores dos Estados-nações são os sentimentos patrióticos em relação à bandeira, ao hino, à moeda, à Constituição, à territorialidade e à soberania.

Os recortes históricos lembram Estados poderosos e dominadores, como o Estado romano, ou, à época pré-colombiana, o poderoso e rico Estado imperial inca. A Idade Moderna conheceu o amplo domínio colonial do Estado imperial britânico e, no século XX e início do XXI, a indiscutível superioridade econômica, militar, tecnológica e científica do Estado democrático norte-americano.

Os Estados nacionais formam atualmente dois grandes grupos: os hegemônicos e os dependentes. Nos dois grupos há diferentes níveis de desenvolvimento. A China, o Japão e a Rússia emergem como potências globais, mas a grande maioria ocupa a periferia do sistema capitalista. Trata-se de uma periferia de dependência econômica, financeira, científica e tecnológica, submetida ao poder concentrado nos Estados-nações dominantes. Foram as individualidades nacionais que ditaram as regras da política internacional, que mantiveram os domínios colonialistas, que impuseram a guerra, que controlaram os mercados e que expandiram culturas e modelos de comportamento. As poucas fortes e ricas sociedades nacionais esbanjaram poder e identidade na ampla periferia subdesenvolvida ou atrasada.

Os contrastes entre as sociedades nacionais neste início de século são chocantes. O brilho da sociedade norte-americana e da sociedade da Europa ocidental, na atualidade, contrapõe-se, por exemplo, à imensa tragédia africana. As tragédias humanas têm sido admiravelmente retratadas por grandes autores em todos os tempos. Os holocaustos, grandes e pequenos, tiveram, com maior ou menor brilho, seus narradores. Mas a mais pungente, mais extensa e duradoura tragédia humana é, sem dúvida, a tragédia africana, primitiva, negra, miserável e continental, e sem um grande narrador. A África negra, fragmentada em Estados-nações incipientes, é ainda, no todo, uma ordem política retardatária no processo de evolução social. Vivencia em grande parte uma organização tribal ou sociedades desorganizadas e dominadas por sentimentos e comportamentos atávicos; é um cenário de dissolução de sociedades, Estados que não chegaram a se constituir concretamente. A África como continente e sua população como entidade humana foram vítimas do Estado colonial, forma de dominação e exploração que se abateu implacavelmente sobre a sociedade africana primitiva e retardatária. A partilha da África estabelecida nos acordos de Berlim de 1872 desagregou a coesão das etnias, provocou conflitos sangrentos e estabeleceu a condição política de Estados-nações artificiais.

As imensas riquezas africanas atraíram para o continente toda sorte de imperialismos colonialistas e de aventureiros, que exploraram e transferiram para o exterior recursos valiosos, sem deixar uma contrapartida que pudesse ajudar no desenvolvimento econômico, social e cultural. O que ficou, verdadeiramente, como afirma Castells, foi um sistema político pervertido, mantido pelas potências européias e pelos Estados Unidos. A tragédia humana, para a maioria dos países africanos, representa uma fonte de riqueza e privilégio, numa associação perversa entre os interesses externos e a corrupção política interna. Os séculos de atraso, sofrimento e miséria do povo africano não tiveram destaque nem em Davos, nem em Porto Alegre (2000) — os fóruns contrastantes —, e menos ainda na Conferência da ONU sobre o racismo na África do Sul (2001). É uma tragédia humana distante, negra e inculta. O esquerdismo retrógrado e fascista, e a sociologia acadêmica e teórica não se voltaram para o continente africano. A África é um paradoxo continental. Continente de onde saíram, e ainda saem, diamantes, ouro, petróleo, terras raras e escravos. Para lá não sopraram ainda os ventos do progresso, da educação e da cultura que os recursos naturais e humanos, arrancados ao solo e à sociedade tribal, um dia, e muitos outros anos e séculos, ajudaram a construir em riqueza, ciência e tecnologia para a sociedade dos países desenvolvidos. O holocausto africano imposto pela tirania de um capitalismo selvagem e implacável ainda não foi contado na dimensão que merece. A realidade é cruel: os retalhos políticos da era colonialista acabaram se transformando nos mais pobres e explorados entre os Estados-nações da atualidade.

Como na África Negra, outros Estados-nações aviltados pelo endividamento, pela dependência e pelas diferenças renegadas se multiplicam nos demais continentes. No mundo da globalização, as entidades nacionais cederam lugar aos interesses de mercado, numa economia assentada em espaços produtivos internacionalizados; os lugares globais projetados para a economia sem fronteiras mudaram o perfil da ordem econômica. A economia dos Estados-nações sempre teve como pressuposto fundamental, pelo menos no plano das intenções políticas, o processo de desenvolvimento. A partir dos anos 1990, aprofundou-se o discurso sobre a necessidade de uma ampla abertura econômica, da inserção dos Estados-nações na era global, sob pena de ficarem à margem das novas relações internacionais, relações que emergiam da ruptura do equilíbrio ideológico até então estabelecido e respeitado, e da nova onda tecnológica comandada pela microeletrônica. A poderosa dialética que abriu os tempos globais não deixava perspectiva de sustentação aos Estados-nações excluídos do novo contexto econômico. Dominando amplamente as formas de produção baseadas em tecnologias avançadas, as grandes corporações multinacionais, apoiadas pelos países hegemônicos, abriram espaços produtivos mundiais, promovendo a queda das barreiras espaciais e incorporando generosos benefícios fiscais. Os espaços produtivos tornaram-se lugares globais em todas as latitudes, conectando todos os fluxos vinculados num gigantesco sistema de redes. Produção, mercados, transportes, informações, conhecimento passaram a gerar fluxos instantâneos nas infovias, garantindo flexibilidade, rapidez e eficiência à operação dos negócios.

As redes de fluxos não têm fronteiras. São fluxos de informação sobre as estratégias dos negócios, sobre a logística operacional na movimentação de bens em direção aos mercados mais potenciais, sobre a geoestratégia de espaços e tempos na relação produção-consumo e, particularmente, sobre as decisões que geram poder e influência de poder. A nova arquitetura da economia e do poder globais contrapõe-se, naturalmente, à economia e ao poder dos Estados-nações. O enfraquecimento do Estado-nação foi sentido rapidamente, pois os governos nacionais se apressaram em abrir a economia à nova ordem internacional. Pressionados por restrições impostas, ou ameaças de restrições, às exportações e aos acessos aos mercados financeiros, os países dependentes acabam por liberar espaços produtivos com amplos benefícios fiscais e por adotar uma política de ampla desnacionalização, caracterizada pela transferência do poder sobre ativos estratégicos para o exterior. Os Estados-nações cedem continuamente os controles estratégicos internos às corporações multinacionais via política de privatização, recomendada, estimulada e até imposta pela dialética da globalização.

Os Estados nacionais não perderam apenas poder sobre a economia; perderam — o que representa um resultado trágico — poder sobre as políticas sociais, pois a mobilização dos recursos nacionais passou a ser dirigida ao atendimento quase exclusivo dos compromissos cada vez mais pesados com o endividamento externo e interno. As prioridades nacionais foram deslocadas para as discutíveis, e por vezes sombrias, relações entre o poder público e os interesses dos investidores financeiros, bem como das gigantescas corporações multinacionais de produção de bens e serviços. Ainda que se leve em conta a poderosa dialética da abertura econômica, não se pode negar o direito de cada Estado-nação de responder por sua organização econômica e social. Trata-se de um direito inalienável e único instrumento capaz de garantir os princípios básicos da soberania. Os Estados-nações não poderão se dissociar das estratégias mundiais, da evolução da ordem econômica e da cultura científica e tecnológica em cada atualidade. Mesmo integrados em blocos regionais e participando dos interesses vitais dos países-membros, cada Estado-nação deverá assegurar sua identidade e seus significados. A descaracterização das identidades, sempre que tentada, e mesmo quando imposta por longos anos, acabou na retomada da identificação e dos símbolos nacionais, como a história recente mostra, principalmente após a dissolução política e ideológica do Estado multinacional que formava a União Soviética. As nações, mesmo as sem território, como o caso palestino, lutam sem tréguas para garantir sua identidade por meio de um organismo político, o Estado nacional. A globalização, tal como é praticada na ordem econômica neoliberal, enfraquece o poder dos Estados-nações, mas não o elimina. Mesmo com o advento e o fortalecimento dos Estados-regiões, o que desloca as fronteiras econômicas para organismos multinacionais, o Estado-nação permanecerá, alimentado continuamente pela indestrutível força telúrica que une povo e território sob sentimentos de nacionalidade. O papel do Estado-nação no cenário mundial, sua participação nos blocos econômicos e seu controle sobre as atividades produtivas e de serviços é que estão em processo de mudança.

Há uma ampla transição dos métodos e práticas da era industrial para os da era informacional. Mudanças fortemente direcionadas pela inovação tecnológica e pela transformação ideológica vêm fortalecendo áreas de um complexo multipolar de produção, geração de poder e influência de poder. O Estado nacional não pode ficar insensível a tais realidades. Contudo, isso não significa que deva abrir mão de suas prerrogativas de organização política nacional e transnacional. As relações intrablocos e interblocos se fortalecerão com as novas posturas nacionais. Organismos regionais fortes serão sempre formados por Estados nacionais fortes. A União Européia, o Acordo de Livre Comércio da América do Norte (Nafta), a Cooperação Econômica da Ásia e do Pacífico (Apec) e a Associação das Nações do Sudeste Asiático (Asean) são exemplos inquestionáveis. Todos os demais organismos regionais são formados por Estados-nações com alto grau de dependência e baixo nível de desenvolvimento científico e tecnológico.

A China é o mais eloqüente exemplo da participação de um Estado-nação na nova ordem econômica internacional, sem enfraquecimento do poder nacional. A China não se contrapôs à lógica global, reincorporou a Hong Kong de sistema capitalista e emerge como a grande potência nacional do século XXI. A China acompanhou as grandes reformas do sistema produtivo mundial, desenvolveu o conhecimento científico e a tecnologia, implementou a revolução organizacional e flexibilizou a estrutura política. O resultado foi um poder nacional mais forte para negociações econômicas complexas no âmbito global. Os resultados foram bastante favoráveis, tanto que a China, com regime e ideologia contrastantes com o sistema capitalista, passou a integrar a poderosa Organização Mundial do Comércio (OMC), mantendo, por outro lado — o que não tem sido fácil, principalmente após o desmoronamento soviético —, a independência político-ideológica. A China é vista hoje como um referencial de novas conquistas de mercado, tanto nos países hegemônicos quanto nos da periferia capitalista.

O fim do Estado-nação e o fim da história foram anunciações imaginárias que não encontraram resposta na própria evolução das relações internacionais, tanto no campo econômico, quanto na própria história. As unidades nacionais continuarão exercendo influência e decidindo os acordos de cooperação e os padrões de intercâmbio entre os blocos econômicos. A recente reunião da Apec (em outubro de 2001) em Xangai mostrou claramente a importância dos Estados-nações, mesmo no auge do processo de globalização econômica. A participação dos Estados Unidos, da Rússia, e o indiscutível poder atual e crescente da China revelaram, com transparência, que as ordens regionais são construídas pelo poder dos Estados-nações mais fortes. A cúpula da Apec, formada por 20 líderes regionais, foi dominada pela força dos Estados Unidos, da China e da Rússia, países representados por seus dirigentes máximos. Os interesses econômicos tiveram, portanto, um caráter transregional na ampla área Ásia-Pacífico. China, Rússia e Estados Unidos estabeleceram suas bases de cooperação no campo econômico sem deixar de formular alianças de cunho nitidamente militar. Os acordos são regionais, porém os interesses dos Estados-nações mais fortes ainda prevalecem e condicionam, mesmo que não compartilhem o espaço físico, os acordos que estabelecem as normas de funcionamento do regime de produção e troca de bens. As disputas de mercado ocorrem efetivamente num mundo econômico sem fronteiras para Estados-nações dependentes; esse é um caminho de mão única. Os produtos da periferia do sistema capitalista estão sujeitos a protecionismos impostos por interesses hegemônicos, exercidos isoladamente por nações de maior representatividade de poder, ou em conjunto, por blocos econômicos mais fortes.

Há, portanto, duas realidades a se considerar na análise do papel do Estado-nação neste início de século. De um lado, os Estados-nações enfraquecidos com os pressupostos da nova economia global e que se situam na periferia dependente do sistema capitalista; de outro, Estados-nações fortes, que exercem domínio pelo poder econômico, político e militar sobre a ordem global, independentemente de participarem ou não diretamente de blocos regionais. Após a queda da União Soviética, o mundo pareceu se agrupar em torno de três grandes identidades, duas nacionais e uma multinacional, formadoras da trilateral: Estados Unidos, União Européia e Japão. Mas a realidade atual, de início do século XXI, já não consagra, no cenário de forças internacionais, apenas essas três identidades. Emergiram a China e a Rússia como atores importantes na nova cena política internacional. Isso mostra que as identidades nacionais fortes estarão sempre exercendo maior ou menor influência nas decisões regionais. Os grandes organismos regionais do momento, o Nafta, a União Européia, a Asean e a Apec, são dominados pelos membros que detêm maior poder econômico, político e militar. Assim será com a Área de Livre Comércio das Américas (Alca), que terá uma predominância quase absoluta dos interesses do seu membro mais forte, os Estados Unidos.

O fato concreto da globalização na produção de bens, identificando os consumidores em todas as latitudes, não significa a ruptura das nacionalidades de origem. Os produtos serão oriundos da Malásia, da Coréia e do Brasil, independentemente de a unidade produtora ser representada por capitais nacionais ou internacionais. Os capitais poderão ser globais, mas a produção será local, nacional e sujeita aos padrões fiscais e de trabalho estabelecidos em cada país. Os primeiros anos da globalização (última década do século XX) foram altamente desfavoráveis aos Estados-nações periféricos, pois evidenciaram, na verdade, o enorme avanço da onda global sobre suas economias. As portas foram abertas indiscriminadamente para os sombrios capitais financeiros de alta rotatividade, para a alienação de estratégicos ativos públicos e privados e para um incontrolável endividamento externo. Em pouco mais de 10 anos a ordem mundial passou por abalos inesperados, como a recessão nos grandes mercados mundiais e o recrudescimento do terrorismo, tanto o praticado por mãos invisíveis quanto o abertamente praticado pelo poderio militar. Na desordem que se seguiu aos atentados de 11 de setembro de 2001 nos Estados Unidos, Estados-nações até então menosprezados voltaram a ter importância na tessitura de acordos político-militares, envolvendo naturalmente interesses econômicos nacionais.

Nos próximos anos, o Estado nacional terá importância, poder e identidade forte na medida da caracterização de sua organização interna como um processo de desenvolvimento, e não apenas como um espaço desterritorializado para os interesses das grandes corporações multinacionais. A dimensão nacional será sempre preservada, ainda que inserida numa ordem econômica mundial. A economia global não é um imperativo final e excludente à existência do Estado-nação, assim como a ascensão dos blocos regionais não desvirtua as identidades nacionais. As associações, as cooperações e as uniões regionais são, é bom não desconsiderar, representações regionais que visam o fortalecimento das economias dos Estados-nações, principalmente nas difíceis negociações para a participação nos principais mercados consumidores do mundo.

CAPÍTULO 5

A tecnologia: mudança e inovação

A TECNOLOGIA possibilitou a instrumentação do avanço da civilização humana. Nos tempos mais primitivos, o homem lascava e polia a pedra para produzir instrumentos para a sua sobrevivência e evolução. Foi a mais primitiva idade tecnológica, perdida em tempos não assinalados e designada como períodos paleolítico e neolítico. Seguiu-se o que pode ser considerada a primeira grande revolução tecnológica do homem, a era das ferramentas, com a instrumentação de técnicas baseadas na utilização dos metais — o ferro e o bronze. A era pós-neolítica assinalou um longo período de evolução da sociedade primitiva, no qual se manifestaram as primeiras atividades industriais, ou seja, a fabricação de instrumentos utilizando-se como matéria-prima os recursos minerais que a natureza oferecia. Essa fase evolutiva só foi possível no momento em que o homem primitivo passou a dominar o fogo e, com ele, a forjar os instrumentos metálicos que iriam substituir os objetos produzidos pelas lascas de pedra. A evolução da tecnologia em tempos tão remotos foi extremamente lenta. Estima-se que a passagem da idade da pedra antiga para a idade nova da pedra, ou seja, a evolução do uso grosseiro das lascas de pedra para formas mais trabalhadas, definidas e polidas levou cerca de 500 mil anos. A era pós-neolítica (início entre 5000 e 2500 a.C.) representou o tempo das técnicas e dos objetos, que, embora evoluindo lentamente, iriam proporcionar avanços significativos nas antecâmaras dos mais antigos impulsos civilizadores.

As civilizações mais remotas, particularmente as que chegaram aos umbrais da nova contagem do tempo histórico, o antes e o depois da era cristã, representavam sociedades fortes, cujo poder estava bem marcado pelo uso de tecnologias mais avançadas; eram produzidos objetos de grande significado, tanto de uso corrente, quanto artísticos e principalmente militares. As grandes civilizações que se mantiveram ativas nos novos tempos e as que viriam a se formar ou fortalecer a partir de então enfrentaram as disputas de mercado e de territórios utilizando-se do permanente processo de modernização tecnológica. Os diferentes estágios tecnológicos da humanidade marcaram indelevelmente manifestações de poder e influência de poder. O mais longo dos estágios tecnológicos da humanidade foi o representado pelo uso de objetos produzidos em oficinas de ferreiros ou serralheiros, que utilizavam a forja, o martelo, a bigorna e o caldeamento de metais. Nas antigas civilizações, as tecnologias para a produção dos objetos evoluíram sem grandes saltos, por estarem condicionadas às formas de energia produzidas pelo fogo, pelo vento, pela água e pela força animal. A diferenciação, contudo, da evolução tecnológica em diversos processos civilizadores caracterizaria fases de domínio entre as grandes civilizações do passado. O aperfeiçoamento tecnológico fortaleceu impérios, permitindo a expansão econômica e política, o desenho e o redesenho das geoestratégias comerciais ao longo de vários períodos históricos.

As tecnologias evoluíram em três grandes estágios: o das ferramentas, o da mecanização e o da microeletrônica. Esses estágios produziram revoluções tecnológicas que provocaram mudanças nas estruturas organizacionais das sociedades. Em cada um desses estágios ocorreram ciclos tecnológicos, com a consolidação e a evolução de determinados paradigmas. A máquina a vapor mobilizou uma poderosa estrutura industrial e de transportes, tornando-se o paradigma tecnológico da primeira fase da Revolução Industrial. A eletricidade e os combustíveis líquidos garantiram a modernização das estruturas industriais e dos meios de transporte, desencadeando uma nova e profunda transformação nos meios de produção, de circulação, e nas estratégias de mercado. Aos novos ciclos tecnológicos seguiram-se mudanças no ordenamento político, jurídico e social. Os setores econômicos fortalecidos pelas novas tecnologias produtivas passaram a exercer uma influência política cada vez mais forte. O sistema capitalista consolidou-se na dimensão econômica e política, identificando-se com os princípios da liberdade, da democracia e dos direitos humanos. Sobre esses pressupostos ergueu-se uma poderosa dialética em torno da democracia representativa e da iniciativa privada no ordenamento econômico. Os comportamentos individuais e coletivos absorveram rapidamente as mudanças tecnológicas impostas a cada atualidade. Os costumes, a moda, os novos ideários e a cultura seguiram os ritmos da evolução tecnológica e, ao longo de toda a era industrial, com maior velocidade, seguiram-se as mudanças da primeira década da nova época: a do conhecimento e da informação.

Os laboratórios de tecnologias mecânicas, microeletrônicas e organizacionais têm definido as atualidades em cada época. As tecnologias mecânicas — era industrial — tiveram duração mais longa, garantindo atualidades mais duradouras. Ao contrário, as tecnologias microeletrônicas, responsáveis pela terceira grande revolução tecnológica mundial — era cibernética —, transitam muito rapidamente de uma atualidade à outra. Mas como situar uma atualidade ante transformações com decorrências de tempo cada vez menores? Até a primeira metade do século XX as mudanças tecnológicas, e com elas os tempos dos costumes e dos comportamentos, representavam uma modernidade mais duradoura. A atualidade mantinha-se e consagrava valores e significados por períodos mais longos.

Se a atualidade está condicionada ao progresso da sociedade, coloca-se uma questão discutida desde Kant, passando por Foucault: qual a causa do progresso humano e, se estabelecida, como provar que essa causa atua efetivamente e referenciá-la a um acontecimento concreto? Foucault destaca que é preciso assinalar na história um acontecimento que tenha o valor de signo para uma atualidade. Mas signo de quê? Signo de uma causa determinada e permanente que conduz os homens pelo caminho do progresso. Essa marca, esse símbolo para as atualidades pode ser representado por um padrão tecnológico que condiciona os comportamentos sociais. Qual o signo do longo período que vai da Idade Neolítica até a Idade Média? Sem dúvida, as ferramentas e sua evolução. O mesmo se pode aplicar à Idade Moderna: a máquina a vapor, inicialmente, e, após, os motores de explosão e a eletricidade. E para a Idade Pós-moderna, os microcomputadores e, com eles, as tecnologias da informação. Pode-se discordar desses signos em alguma dimensão intelectual, porém são acontecimentos concretos e que marcaram claramente diferentes atualidades.

O processo de mudança que se segue à evolução tecnológica contempla movimentos em cada atualidade. No século XVIII iniciou-se um movimento de renovação do pensamento, das artes e da sabedoria, de modo geral, conhecido como Iluminismo ou Ilustração. A ampla reestruturação de costumes e de ensinamentos marcaria o início da era industrial, uma das pós-modernidades balizadoras do avanço da civilização. Após séculos de obscurantismo e às primeiras luzes do Renascimento, o Iluminismo chegou como uma mudança na reflexão filosófica e uma mudança histórica para a existência política e social.[1] A Revolução Industrial desencadeou novos movimentos políticos e econômicos, materializando uma parte do pensamento dominante; consagrou-se o culto ao capital e iniciou-se um gigantesco processo de conquistas e dominação.

Mas a era industrial, a era das grandes plantas fabris, das centenas e milhares de operários, da produção em série, do consumismo e dos capitalistas que dirigiam e dominavam a cena econômica, terminou. O período pós-industrial que se seguiu, com uma faixa de transição para os retardatários, está reestruturando a organização e o sentido da sociedade. O conhecimento e a informação passaram a representar uma nova forma de capital. Os profissionais, graduados e pós-graduados, ilustram a nova época, formando a nova elite dirigente, a nova classe que domina, em substituição aos antigos donos dos meios de produção. A palavra capitalista perdeu sentido e não representa mais um poder pessoal baseado no comando dos meios de produção; também o vocábulo proletário deixou de identificar, como antes, um protagonista importante da história econômica e social. A propriedade privada dos meios de produção, das corporações gigantes e das grandes empresas está diluída e multiplicada por milhares de acionistas, embora se identifiquem os grupos majoritários. O comando, contudo, mudou de mãos ou, mais propriamente, de mentes. São, na verdade, os executivos, não necessariamente acionistas, detentores do conhecimento e da informação, que executam os comandos e as decisões. É a nova classe social, iluminada por títulos acadêmicos e apoiada por uma avançada tecnologia eletrônica, virtual e organizacional que mantém um novo tipo de relacionamento, em múltipla escala de dependência, ao movimentar o complexo mundo dos negócios da época pós-industrial.

No início do século XXI, a nova filosofia das luzes é projetada pelo potente farol da ciência e da tecnologia. Uma seqüência de mudanças no comportamento humano marcará mais fortemente ainda as próximas décadas, tornando obsoletos muitos princípios e padrões até aqui dominantes. A economia, a política, a cultura, os enunciados éticos e as formas de comportamento humano — valores morais — estão sujeitos a profundas transformações. A economia mudou de era, da era industrial para a pós-industrial ou informacional. A política tradicional, por sua vez, corroída pela mediocridade e pela corrupção, vive um momento crítico; a cultura se vul-

[1] Foucault, 1996.

gariza e se globaliza nos padrões mais discutíveis e muitas vezes menos relevantes. A ética e a moral se confundem na desordem do pensamento e do comportamento. A ética é a teoria da moral, definindo um tipo de comportamento humano. Conforme acentua Sanchez Vázquez, o valor da ética como teoria está mais no poder de explicar do que na prescrição ou recomendação com vistas à ação em situações concretas. Assim, a ética é a ciência da moral, e esta é um conjunto de prescrições, normas ou disposições observadas pelos costumes ou construídas pelos códigos sociais. O comportamento humano se manifesta por meio de atos objetivos e subjetivos que configuram uma dimensão moral. A ética investiga, analisa e contribui para o aperfeiçoamento das normas morais que definem o comportamento social dos homens.

A ética como uma forma superior de pensamento transcende a decadência do comportamento ou a um tipo específico de experiência vivida. O comportamento moral nem sempre se mantém ascendente, refletindo muitas vezes um pragmatismo negativo, ou seja, o contrário da identificação da moral com as formas superiores do viver com dignidade. A sociedade deste início de século e milênio transforma-se com o sopro inovador da ciência e da tecnologia, mas desvirtua-se nos padrões de comportamento. O crime organizado global é um contrapoder de dissolução das práticas econômicas, dos costumes sociais e políticos, ao qual não se contrapõe, efetivamente, o poder da democracia. A nova sociedade talvez não se construa apenas pela transição de tempos seqüenciais; talvez, de forma recorrente na história, a nova sociedade se erga sobre o princípio da "destruição criativa", cujas dimensões, escalas e profundidade não podem ser prognosticadas. De certo modo, essa é uma constatação recente. A era informacional provocou, em apenas uma década, uma ampla destruição de várias formas de comportamento econômico e social. A divisão internacional do trabalho talvez tenha sido a mais afetada pelas mudanças, principalmente pela queda do Estado de bem-estar e o conseqüente rompimento das bases mais sólidas do contrato social. O conceito de emprego evoluiu para outras formas de ocupação, dando um novo sentido conceitual ao trabalho. Essa é, indubitavelmente, uma imposição das tecnologias da era cibernética. Junto com o emprego tradicional ruíram também as formas de organização sindical que o sustentavam e, igualmente, as estruturas burocratizadas no modelo privado.

O tempo presente, influenciado pelas novas tecnologias, consagra algumas tendências inegáveis: o declínio da burocratização, a agonia dos sindicatos, as novas estruturas de produção, o conhecimento como principal ativo dos países desenvolvidos e a nova concepção do trabalho. A burocratização enfrenta o ataque direto e forte das novas técnicas organizacionais e eletrônicas. Os sindicatos perdem força pelo fato de que os operários já não representam a principal força do impulso de desenvolvimento. A produção industrial tem nova configuração espacial, tecnológica e organizacional. O conhecimento, científico e tecnológico, é atualmente o principal produto de consumo interno e externo. Assim, é lógico pensar que o trabalho passa a ter novo perfil, muito diferente, é claro, daquelas formas de trabalho baseadas no emprego, nas carreiras das empresas privadas ou públicas, com evolução horizontal pelo tempo de serviço.

As formas de ocupação das pessoas são, na atualidade, seguramente, a principal preocupação das sociedades, tanto desenvolvidas quanto subdesenvolvidas. O trabalho, na presente atualidade, na qual pontificam o conhecimento, a informação, os novos perfis industriais e as estruturas técnicas para as atividades rurais, não caracteriza mais uma forma de emprego com carteira assinada e plano de carreira, como ocorria à época industrial. Para a observação mais atenta, essa mudança vem ocorrendo nos últimos 10 anos, a partir do momento em que as novas tecnologias microeletrônicas começaram a mudar os métodos organizacionais e as concepções de produção.

A grande questão que se levanta na realidade pós-industrial é a de como resolver o problema das populações economicamente ativas, ou seja, dos contingentes que anualmente se tornam disponíveis para o mercado de trabalho. Mas há uma realidade evidenciada na análise das transformações que estão em andamento: a de que o esgotamento do modelo de emprego cria a necessidade de um amplo programa de reeducação para o trabalho dirigido aos excluídos por falta de formação adequada. Para os jovens em processo de formação impõe-se o alerta de bem escolher as profissões que atendam às necessidades da sociedade, expressas no mercado de trabalho. É preciso, pois, mais pragmatismo do que romantismo na definição das profissões.

A tecnologia e a mudança identificam claramente a era pós-industrial. As tecnologias da informação passaram a integrar o mundo em redes globais, criando as comunidades virtuais. O mundo econômico, particularmente, passou a viver a interação dialética entre a sociedade e a tecnologia. A *perestroika* capitalista, sem concorrente, impôs seu modo de produção, suas estratégias globais e seu poder, utilizando-se da racionalidade e da eficiência de dois paradigmas fundamentais: o tempo-espaço e a tecnologia da informação. O rejuvenescimento do capitalismo e sua expansão global, com suporte nas técnicas cibernéticas, trouxeram à periferia dependente as mudanças que provocaram abalos nos Estados-nações. A partir da década de 1990, a nova ordem econômica global condicionou a inserção dos países periféricos e dependentes à globalização, à aceleração das políticas de desregulamentação, à privatização, à queda das barreiras espaciais e à quebra do contrato social. A concepção de Estado mudou, a de mercado igualmente mudou e uma nova ordem social emergiu do processo global. O tempo das mudanças transita rapidamente pelos conceitos, pelos paradigmas, pelos valores e significados da nova ordem social que evolui; ordem social que é a expressão das técnicas e dos métodos organizacionais, principais instrumentos da superação permanente de cada modernidade. A racionalidade instrumental que orienta as organizações públicas e privadas dá uma razão também instrumental às organizações temáticas independentes. O Estado luta para adaptar-se a uma concepção global de desregulamentação, de descodificação, de perda dos controles internos e de internacionalização das práticas políticas. A ruptura do contrato social produziu um domínio absoluto do Estado econômico, induzido pelo cenário global da tecnologia e do mercado.

O enfraquecimento do Estado-nação vem colocando no tempo atual a passagem de uma razão decisória nacional para uma razão decisória externa. O Estado, que instrumentaliza a nação, ao ceder os controles internos aos centros do poder econômico global, introduz a nova dimensão ideológica — a da superioridade do mercado na organização social. O Estado nacional está se transformando num Estado global, mudando o perfil da ordem social de nacional para internacional. Talvez se possa concordar, pelo menos em parte, com Sassen quando afirma que estão em andamento processos incipientes de desnacionalização da soberania. Vale acrescentar, contudo, que tais processos já não são tão incipientes, considerando o vulto da transferência de controles internos à ordem externa. A concepção de um Estado moderno e forte para enfrentar as grandes mudanças projetadas para a primeira década do século XXI está, de certo modo, prejudicada pela constante perda dos controles internos e pela cada vez mais assustadora interdependência do poder político nacional e do poder econômico global. O Estado precisa ter a mesma face da nação, tornando-se, portanto, verdadeiramente Estado-nação. Fica assim resguardada a expressão maior da nacionalidade, identificada na relação superior soberania/territorialidade/sociedade.

As tecnologias microeletrônicas introduziram novos sistemas de imagens e de significados no cenário mundial. Também uma nova linguagem traduz o uso e o domínio das técnicas que viabilizam a via imaterial para o movimento dos fluxos. Essa é, precisamente, uma realidade construída pela evolução das técnicas em padrões e formatos bem diferenciados dos que se conhecia no esplendor da era industrial. Portanto, cada atualidade configura um tempo-espaço de permanência que segue os ritmos da evolução tecnológica. A contração do espaço e do tempo não é, pois, apenas um fenômeno tecnológico para os fluxos econômicos, mas também para a periodização da atualidade.

As tecnologias organizacionais têm fundamentado um vigoroso processo de mudança nas estruturas empresariais. Os modelos operacionais das organizações privadas seguiram, ao longo de toda a era industrial, a influência dos diferentes ciclos tecnológicos. As manufaturas da primeira fase da Revolução Industrial formaram uma classe social diretamente vinculada às técnicas de produção. Tanto nos estabelecimentos industriais, quanto nas fragmentações sociais que abriram um longo, duro e violento choque de classes, o ciclo tecnológico dos teares e das técnicas de propulsão a vapor identificou um modo de produção, um estilo de consumo e de relações sociais e políticas. Os ciclos que se seguiram, com tecnologias de produção fundamentadas em novos recursos técnicos, destacando-se as máquinas movidas por motores de explosão, a eletricidade, as comunicações via telégrafo e outras, mudariam profundamente as bases da sociedade industrial em transformação. A produção em série, as especializações, as grandes estruturas industriais, a massa de trabalhadores, os planos de carreira e os modelos fortemente hierarquizados rejuvenesceram, fortaleceram, ampliaram as formas de domínio sobre a riqueza, a vida social, os costumes e a ordem política durante a primeira metade do século XX. Nesse período, o capitalismo já não estava só, pois a Revolução Russa implantara um novo modelo de organização política, social e industrial. Os dois sistemas, de um lado o capitalista de quase dois séculos de evolução e, de outro, o novo sistema industrial baseado inicialmente em antigas tecnologias mecânicas de produção, em novas técnicas de planejamento centralizado e no dirigismo estatal, se confrontavam. O sistema capitalista, mais ágil e flexível, fortaleceu-se com a renovação tecnológica, particularmente durante a II Guerra Mundial. Novas tecnologias mecânicas e organizacionais foram desenvolvidas, sendo repassadas, após o conflito, à produção dos bens de consumo.

A partir de 1950, além das tecnologias de produção que se modernizaram, e das primeiras indicações de mudança dos padrões mecânicos para os eletrônicos, a revolução organizacional também começou a impor um novo ideário para as grandes empresas multinacionais. O avanço nas técnicas de processamento dos serviços culminaria, a partir dos anos 1970, na revolução da informática. O novo ciclo tecnológico que se iniciou no final do século XX viria a provocar mudanças de grande significação social no mercado de trabalho, nas relações de produção, no estilo de consumo e nos modelos macroeconômicos dos países.

A tecnologia e a mudança são noções indissociáveis, uma unidade que diferencia sociedades, estágios de desenvolvimento e formas de riqueza. Essa incrível unidade, que responde pela maior parte dos agentes de evolução da sociedade humana, foi capaz, num exemplo histórico de grande envergadura, de provocar a entropia num sistema político-ideológico tão amplo, e militarmente forte, como o sistema soviético. A revolução científica e tecnológica que alcançou o início do século XXI tende a provocar mudanças em ritmos cada vez mais acentuados. Certamente, o perfil da humanidade mudará e alcançará padrões cada vez mais elevados de desenvolvimento em periodicidades cada vez mais curtas, num mundo dominado pelas descobertas científicas e pela produção de novas tecnologias.

Parte II

A Introdução da Pós-modernidade

CAPÍTULO 6

A razão ideológica: o enfraquecimento do modelo revolucionário

A PÓS-MODERNIDADE REPRESENTA UMA REDEFINIÇÃO, um reordenamento e um redimensionamento da sociedade global a partir, principalmente, da última década do século XX. Pode-se nomear como eventos determinantes para a passagem da modernidade industrial à pós-modernidade a revolução cibernética, a queda do comunismo, a globalização da economia, o enfraquecimento do modelo político-ideológico revolucionário, as mudanças de costumes e de comportamentos, as manifestações artísticas e os avanços no conhecimento e na informação. Nesse breve período de tempo ficaram para trás, rapidamente, os padrões e os significados da era moderna estabelecidos durante a longa duração da Revolução Industrial. As transformações que ocorreram na sociedade foram marcantes, particularmente nas três últimas décadas do século XX. A revolução no campo da informática, o fim da União Soviética e as novas descobertas científicas produziram, com uma rapidez sem paralelo na história, os novos paradigmas que projetariam a sociedade pós-moderna. A análise mais acurada dos acontecimentos dos últimos 50 anos mostra claramente que a pós-modernidade não é um exercício mental, um tempo impreciso e indefinido quanto a fatos concretos, ou ainda indiferenciada em escala do conjunto de eventos que assinalaram a modernidade.

Modernidade e pós-modernidade retratam o conjunto de transformações na sociedade alicerçadas por signos importantes que determinam as novas fases da evolução humana. Assim, o ciclo das grandes navegações transpôs o ordenamento da sociedade medieval, produzindo movimentos sociais de mudança e renovação do pensamento. A modernidade, portanto, não é senão uma profunda mudança nos modos de manifestação do ordenamento social e das capacidades individuais e coletivas, comandadas ou desencadeadas por um signo que se torna referencial na evolução da sociedade. A máquina a vapor e o computador são signos de épocas que produziram transformações radicais na evolução da sociedade. O sujeito indivíduo e o sujeito social reagiram às inovações com novas formas de comportamento que não representaram apenas conformidades ou adaptações à evolução natural da tecnologia e do pensamento, mas, bem ao contrário, radicalizaram suas próprias ações como atores na sociedade. Essa realidade imposta pela radicalização do tempo de mudança, e alimentada por novos modelos mentais, estabelece os ciclos de modernidade e de pós-modernidade.

A caracterização de um tempo pós-moderno, carregado de mudanças significativas no funcionamento da ordem social, precisaria alicerçar-se em eventos capazes de formular um novo ordenamento nas relações intra e inter Estados-nações. As últimas décadas do século XX foram ricas em produzir acontecimentos nas áreas científica, tecnológica e ideológica. A era espacial, a cibernética e a biotecnologia transpuseram as fronteiras do conhecimento a cada tempo, mudando substancialmente o rumo das atividades, do comportamento e das relações humanas. A dualidade ideológica produziu o modelo revolucionário de um lado e, de outro, sustentou o modelo liberal; ambos desenvolveram poderosos aparelhos ideológicos de Estado. Essa dualidade se desfez com o enfraquecimento da base ideológica que tinha na URSS, e em seus satélites, o suporte político e militar. O modelo ideológico revolucionário coletivista e o modelo liberal individualista travariam uma batalha sem tréguas durante a maior parte do século passado.

O final do século XX, ou do segundo milênio, enterrou as duas idéias-chaves que sustentaram o grande debate ideológico e a ação política da era moderna: o individualismo e o coletivismo. Essa dualidade tão antagônica dominaria o cenário político no período entre a Revolução Russa (1917) — coletivismo estatal — e o início da reestruturação capitalista (1980) — neoliberalismo global. O contexto histórico do período assinalou um fato novo, extraordinário e que desencadearia uma bipolarização ideológica no mundo. Em pleno domínio da era industrial surgiu vencedora uma revolução social de escala jamais vista e que, por sete décadas, iria contrapor ao liberal-capitalismo uma nova concepção de organização social. Foi uma vitória do coletivismo contra o domínio, até então absoluto, do individualismo. O que verdadeiramente se revelou no arco de tempo 1917-90 foi, sem dúvida, a consagração de duas formas de dominação e sujeição social; de um lado, o individualismo irracional e, de outro, o coletivismo também irracional. Em ambos, a celebração do poder unipessoal, seja por meio da centralização na figura do capitalista se sobrepondo e explorando as massas proletárias, seja na centralização da figura ímpar do comandante político-revolucionário, e de uma *nomenklatura* (conjunto de pessoas com prerrogativas especiais de comando) estabelecida, dirigindo o coletivo social. Essas duas concepções não resistiram à reestruturação capitalista nem ao enfraquecimento do modelo revolucionário. O individualismo liberal-capitalista foi substituído pelas novas formas de gestão econômica, plurais e representativas de forças acionárias mais diversificadas e amplas. O coletivismo se desfez com o final melancólico da Revolução Russa. Restam, no mundo, poucos exemplos da experiência coletivista, algumas em fase final de tempo, ressalvando-se o modelo da China, adaptado à nova realidade.

O novo ideário já está identificado nas profundas e amplas reestruturações econômicas, sociais, científicas e técnicas que iniciaram a época do conhecimento e da informação, a partir da década de 1990. Não há mais espaço para o individualismo nem para o coletivismo; não há mais lugar para as imagens revolucionárias da esquerda; não há mais sentido nos termos burgueses e proletários; não há mais, afinal, os ideários da direita liberal e da esquerda revolucionária. Rapidamente transitamos para novas formas de organização social, ainda não bem definidas, porém delineadas na nova lógica dos sistemas econômico, social e, particularmente, científico e tecnológico. As grandes desigualdades sociais terão de ser combatidas e superadas num campo que é o mais recalcitrante às inovações: o cultural. No momento em que as estruturas culturais mais retardatárias se abrirem e seguirem os novos rumos da sociedade mais evoluída, o equilíbrio social deixará de ser uma utopia. Uma correspondência maior entre o sujeito e a organização social — ou seja, entre o ator e o sistema — emergirá. Talvez não percebamos, mas há o declínio da sociedade política em favor da sociedade técnica. Hoje, a vida econômica e social está sendo dirigida a partir dos centros da ação global, onde se criam novas relações de produção e trabalho. Esses centros acabam por dirigir também a vida política, essa, em grande parte, corroída pela má conduta e pelo imoralismo, como criticaria Nietzsche.

O tempo das ideologias baseadas no individualismo e no coletivismo se esgotou, embora ainda se projetem no espelho da sociedade atual as imagens de sistemas que lembram um e outro. A superação desse tempo ideológico e a emergência de nova configuração para a organização da sociedade criariam um tempo de transição para a incorporação dos novos paradigmas de democracia, de liberdade e de racionalismo tecnológico. Os aparelhos políticos da direita e da esquerda perderam a força da persuasão e do despotismo, principalmente porque a concepção de democracia não se confunde mais com a idéia de povo no poder, embora a expressão tenha tido forte apelo popular na dialética de todos os regimes totalitários.

A democracia, mais como forma social do que política, afastará cada vez mais os modelos ideológicos impositivos da era industrial, quer o do liberalismo individualista, quer o do revolucionário coletivista. Talvez se possa identificar nas correntes da esquerda atual a não-percepção dessa realidade, embora ela venha sendo objeto de análises na ciência política mais avançada. Isso explicaria e tornaria bem clara a conduta equivocada da esquerda, ao assumir posições de um tempo ideológico fora do tempo que constrói a base da sociedade do futuro.

Os complexos problemas sociais da atualidade têm-se agravado com o modelo de democracia capitalista, mas não foram resolvidos também pelo modelo revolucionário. O esquerdismo não se confunde com a idéia de democracia social, plural e contrária a todas as formas de opressão das liberdades substantivas. O esquerdismo, denunciado por Lênin, é uma doença travestida de ideário político envolvendo, cinicamente, as concepções de democracia, liberdade e comunidade.

A modernidade, que marcou o longo período da era industrial e que produziu costumes, modos de produção, relações sociais, tendências políticas e confrontos ideológicos, esgotou-se com as transformações que introduziram a pós-modernidade. Para além de todas as desigualdades produzidas, dos momentos mais excitantes do conhecimento e também das mais cruéis manifestações da barbárie humana, a modernidade trouxe contribuições inestimáveis à discussão dos temas mais fundamentais à evolução do pensamento. Os métodos de tentativa e erro, a tese, a antítese e a síntese formaram a base do desenvolvimento dialético do conhecimento. Os discursos que se produziram nas diversas fases e acontecimentos da era moderna variaram de acordo com os pressupostos das diversas atualidades da democracia liberal-capitalista. A partir da primeira metade do século XX

(1917), outro discurso ganharia espaço, num contraponto ideológico que ocuparia, como já referido, os 75 anos seguintes.

O discurso ideológico, carregado de impulsos à democracia popular, à ditadura do proletariado, à guerra aos burgueses e de todo um referencial contraditório à organização da modernidade industrial, chegaria também ao fim com o próprio fim da democracia revolucionária. Por outro lado, o discurso liberal perdeu força com a *perestroika* capitalista promovida pela revolução da microeletrônica. Um novo conceito ideológico evoluiu, baseado na multipolaridade das unidades de produção, na queda das barreiras espaciais e no amplo domínio dos mercados pelas grandes corporações multinacionais. A nova concepção ideológica é, na verdade, uma evolução do liberalismo econômico, porém incorporando novos métodos e relações produtivas. As relações institucionais entre os países detentores da hegemonia econômica e os países da periferia capitalista evoluíram para um grau de dependência extremo a partir da transferência dos principais instrumentos de controle interno para centros de decisões externas.

As mudanças que se operaram nas sociedades nacionais entre o que era atributo da era industrial e o que passou a ser atributo da era pós-industrial viriam a criar novas formulações discursivas, tanto para as correntes do pensamento neoliberal, quanto para a esquerda, que tenta se firmar no novo contexto social. O que não foge a uma análise mais detida é a falta de atualização dos conteúdos discursivos das correntes sociais de contestação à nova organização da sociedade, principalmente nos países periféricos, em tempo de grandes e profundas mudanças comandadas pela tecnologia. O discurso da esquerda parece fora de lugar, pois corresponde a um culto ideológico de um tempo fora da presente atualidade.

As causas que determinaram o enfraquecimento do modelo revolucionário podem ser procuradas em três grandes dimensões: a política, a social e a tecnológica. A abordagem dos conteúdos dessas três dimensões pode variar em amplitude e convicção, dependendo dos critérios analíticos e dos dados ordenados para o estudo e a reflexão. Deve-se, por outro lado, considerar a proximidade dos fatos concretos que levaram ao enfraquecimento do movimento revolucionário e, com ele, dos dogmas da democracia popular, do igualitarismo social e da produção tecnológica dirigida. A história da construção do modelo revolucionário-comunista de oposição ao modelo liberal-capitalista é muito recente e, mais recente ainda, a dissolução do gigantesco organismo político-ideológico que lhe dava sustentação. Entender, na devida conta, os complexos mecanismos ideológicos do confronto capitalismo/comunismo durante 75 anos é tarefa não só difícil como exposta a discussões contraditórias. De certo modo, porém, o enquadramento analítico nas três amplas dimensões destacadas permite a escolha de algumas variáveis, bem como o grau de aprofundamento dos estudos naquelas que ofereçam um poder maior de convicção.

A dimensão política colocaria em confronto duas conceituações diametralmente opostas de democracia. A democracia política do regime liberal-capitalista baseia-se nos princípios da liberdade de escolha da representação política, da ampla liberdade de ir e vir, da liberdade de pensamento e expressão de idéias, da liberdade de escolha da ação econômica — princípio da livre iniciativa — e da liberdade de professar convicções religiosas; são as liberdades substantivas. A democracia popular do regime marxista-comunista postou-se, a partir de seu principal marco real, a revolução dos soviéticos de 1917, como um contraditor às práticas da democracia liberal-capitalista. Toda revolução tem um ideal democrático, pelo que se pode falar em democracia revolucionária. Na prática, contudo, esse ideal seria, na maioria das vezes, usurpado pelos conquistadores do poder; porém, em exemplos expressivos, houve evolução rumo à democracia. A Revolução Francesa, em que pese ao período do terror, acabou legando os princípios da liberdade, da igualdade e da fraternidade. Outras evoluíram ao estabelecimento da democracia no sentido das liberdades substantivas, acrescidas dos direitos fundamentais à educação, à saúde e a condições dignas de moradia. Essas conquistas foram alcançadas pela evolução posterior da sociedade e, nela, particularmente, pelas formas mais avançadas do pensamento, do conhecimento e da natureza das relações sociais. O modelo revolucionário soviético, o mais importante da história pela negação sistêmica que o consagrou, pretendeu dar novo equacionamento à organização social, rompendo a tradição do individualismo histórico para introduzir o coletivismo real; não chegou, porém, a completar um século. O movimento revolucionário que originou a sociedade soviética e que balizaria outras iniciativas revolucionárias não construiu, na verdade, a democracia política. Embora usando a expressão democracia popular para identificar o contraposto ao capitalismo, o que se ergueu na União das Repúblicas Socialistas Soviéticas foi um duro, inflexível e violento regime de unipessoalidade dirigente, amparado numa disciplinada *nomenklatura* partidária única. Esse desvio ideológico e a prática política que se seguiu viriam a caracterizar todas as democracias populares construídas a partir de movimentos revolucionários posteriores a 1917. A participação popular na vida política via representação diferenciada de tendência política, ainda que dentro do regime revolucionário, não foi permitida. No Ocidente, o sistema liberal-capitalista ofereceria oportunidades a correntes políticas de posturas diferenciadas, como conservadores e progressistas; enfim, uma situação e uma oposição, cujos programas e idéias ora se aproximavam das elites industriais, ora das camadas mais populares. A democracia popular revolucionária tornou inflexível o sistema político, estabelecendo uma direção única, um corredor político-ideológico como única e admissível opção. Durante muitos anos a dialética do convencimento ideológico, com a participação do aparelho repressor, potencializou um apoio apenas mascarado à dominância política de partido único. Em momento crucial da *perestroika* soviética esse apoio, que deveria ser real, apenas desfez-se, e nada mais.

A dimensão social estabeleceria uma forma de isonomia de baixa qualidade de vida. A sociedade foi nivelada por baixo, sem opções de crescimento social a partir das diferenças de cultura intelectual e profissional adquiridas. Um grande contraste se estabeleceu nas sociedades comunistas do mundo. De um lado, o alto grau de formação profissional e, de outro, a baixa qualidade de vida. Os sistemas educacional e de saúde pública foram as grandes conquistas do comunismo real. Quando comparados aos sistemas educacionais e de saúde pública dos países capitalistas, é preciso examinar os padrões diferenciais a partir de dois critérios analíticos. Nos países desenvolvidos do Ocidente, os padrões educacionais alcançam níveis de alta qualificação. Do ponto de vista da formação acadêmica, científica e do desenvolvimento tecnológico, as grandes e renomadas universidades européias e norte-americanas se situam entre as melhores do mundo. O mesmo não se pode dizer da periferia do sistema capitalista, dos países que formavam o antigo Terceiro e Quarto Mundos — ou seja, considerando as classificações mais atuais, os países emergentes e os países em atraso. Na verdade, pode-se diferenciar os países pelo grau de desenvolvimento e pelo grau de subdesenvolvimento, num espectro amplo, pois em ambos, desenvolvidos e subdesenvolvidos, há inúmeras gradações. Nos países periféricos, além da extrema dependência aos países hegemônicos, são notórias as desigualdades sociais, agravadas por outra tipologia de desigualdade, as regionais. Os padrões de ensino só oferecem qualidade para as camadas mais abastadas da sociedade, enquanto a maioria da juventude, das camadas de baixa renda, incluindo a ampla faixa que está abaixo da linha da pobreza, é forçada a utilizar-se de um sistema de ensino de má qualidade. Dessa forma, pode-se dizer que o sistema educacional do comunismo real teve a vantagem de estender o ensino de qualidade a todos os segmentos da população. O mesmo se pode dizer do sistema de saúde, cuja qualidade é de reconhecimento mundial, enquanto o sistema de saúde pública da periferia capitalista é simplesmente caótico. Mas essa virtude social do comunismo real não se mostrou suficiente para atender às aspirações naturais de todo ser humano. A busca de um melhor padrão de vida, da qualidade existencial, mesmo que isso não caracterizasse um consumismo capitalista, não poderia deixar de identificar-se com uma meta social do sistema. A melhoria das condições de renda, de moradia, da instrumentação tecnológica pessoal e coletiva, dos padrões de vestuário é um objetivo social que foi descuidado nos diversos planos qüinqüenais dos regimes comunistas. Não foi sem razão que ao se instalar a *perestroika* soviética os informes necessários ao programa de reestruturação assinalavam a má qualidade de vida, o enfraquecimento do esforço pelo trabalho e a grande defasagem tecnológica dos equipamentos eletrodomésticos. A insatisfação com os baixos salários, retratados numa isonomia degradante para os mais qualificados, e a falta de perspectiva de mudanças substanciais após 75 anos de sujeição a baixos padrões de vida contribuíram poderosamente para o desmoronamento rápido do edifício soviético e sua periferia comunista.

A dimensão tecnológica representou, em grande parte, em curto período de tempo, a ascensão e queda da União Soviética e, com ela, de toda a utopia da esquerda revolucionária. A dialética da esquerda foi sempre referenciada ao sucesso científico e tecnológico da URSS. Os grandes feitos iniciais na produção de aço, ferro-gusa, na extração de petróleo e na utilização das reservas de carvão foram possíveis a partir de um grande esforço de mobilização dos recursos nacionais para o desenvolvimento de tecnologias que pudessem sustentar o processo estatal de desenvolvimento. Mesmo com esse gigantesco esforço pelo desenvolvimento, que incluía substanciais investimentos na área da educação, da ciência e da pesquisa tecnológica, a verdade é que sempre existiu um grande hiato tecnológico entre a União Soviética e o mundo capitalista ocidental. A estrutura altamente burocratizada, formando uma rede de baixa energia para os fluxos decisórios, impedia, com a rapidez que se fazia necessária, a aplicação de novas idéias no campo da tecnologia. A partir da II Guerra Mundial, a URSS desencadeou uma nova onda tecnológica, culminando com os brilhantes sucessos do início da conquista espacial. Nos anos 1970, particularmente, transparecia o retardo tecnológico soviético, comprometendo os ideais de competição com o mundo capitalista. A *glasnost* (abertura) foi o primeiro movimento no sentido de identificar as causas que fundamentavam a perda de energia no sistema. Esse movimento levou a outro mais amplo, a *perestroika*, que significava a ruptura com os velhos métodos decisórios dos aparelhos de Estado. No início dos anos 1970 já estava em andamento nova revolução tecnológica no Ocidente, abrindo os horizontes da era cibernética. Uma era com suporte inovador no campo da microeletrônica, e todos os desdobramentos de alta tecnologia que representava. A passagem da era industrial para a era cibernética se processou por meio de um gigantesco salto tecnológico, no qual a mudança da tecnologia mecânica para a eletrônica foi rápida, ágil e racional, produzindo, dessa forma, os novos paradigmas que iriam se sobrepor a tudo que representasse o contraditório à velocidade, à eficiência e à racionalidade. O domínio do conhecimento e da informação criou uma nova realidade, a da "sociedade em rede", e, num plano maior, a "era informacional".[2] Na verdade, foi um pulo da alta tecnologia mecânica para a mais alta ainda tecnologia microeletrônica. O capitalismo, nesse aspecto, mostrou toda a sua flexibilidade, criatividade e adaptabilidade. O mesmo não ocorreu com o mundo do comunismo revolucionário. Preso a dogmas ideológicos, a uma burocracia pesada e lerda, o processo de evolução tecnológica foi retardado, mesmo no setor que mais se alimentou dos recursos estatais: a máquina de guerra. Quando os Estados Unidos começaram a ultrapassar a URSS na conquista do espaço, pouco antes dos anos 1970, ficaram claras as dificuldades do sistema estatal comunista para estimular, na velocidade adequada, as mudanças tecnológicas necessárias. Nos anos 1970, a condição da URSS de superpotência militar estava em xeque. Transparecia com grande nitidez para o novo ideário que representava a possibilidade da *glasnost* e da implementação da *perestroika* o enfraquecimento tecnológico em todos os setores da sociedade. De um poder que irradiava para o mundo a capacidade revolucionária do comunismo de contrapor-se com êxito ao capitalismo, emergia uma realidade de certo modo cruel. A democracia revolucionária de esquerda perdia para o capitalismo nas três dimensões: política, social e tecnológica. Quando finalmente se desfez a ideologia comunista como forma de organização social, a dura realidade mostrou um mundo atrasado, socialmente pobre e retardatário no desenvolvimento econômico, científico e tecnológico.

O movimento revolucionário de esquerda, cujo enfraquecimento já era amplamente sentido no final dos anos 1970, acabou por praticamente

[2] Castells, 1999.

desaparecer nos anos 1990. Hoje, início do século XXI, em que pese a todas as tormentas em torno da globalização, pode-se identificar um mundo de renovação não só das práticas econômicas, como do ideário das relações internacionais, que, no momento, são formuladas e contratadas por grandes organismos reguladores internacionais: para o comércio, a OMC; para o meio ambiente, os protocolos como o de Kioto; para o desenvolvimento da pesquisa e da exploração espacial, os consórcios multinacionais; e para os mercados, a formação de grandes blocos econômicos. Nesse novo cenário mundial não há mais espaço para o esquerdismo revolucionário do século XX. As desigualdades econômicas entre os países terão de ser formuladas em outras bases de negociação ou até mesmo de revolta, porém, nada que lembre a dialética revolucionária da outrora triunfante esquerda. A negação das diferenças, principal fonte alimentadora da atual desordem internacional, será certamente minimizada, proporcionando o equacionamento de medidas capazes de tornar o fenômeno global mais justo na distribuição da riqueza produzida.

A razão ideológica que dominou o século XX até o final dos anos 1980 chegou ao fim. O modelo revolucionário de esquerda perdeu o conteúdo ideológico, a energia de mobilização e a capacidade dialética de oferecer alternativas para os graves problemas de dependência dos países periféricos, de oferecer soluções viáveis para as profundas desigualdades sociais internas de cada Estado-nação. Ideologicamente, a esquerda está vazia, o que a leva a posições equivocadas no momento histórico que está a exigir capacidade de inovação, superação de antigos dogmas sociais e econômicos e a indispensável visão de um mundo em transformação. Os movimentos temáticos profissionais, independentes de filiação sindical, as novas modalidades de trabalho, o novo perfil do setor produtivo, a reestruturação do Estado são temas a serem considerados por uma esquerda evoluída e que possa ter participação positiva na pós-modernidade.

A construção dos próximos futuros se dará em torno de questões temáticas comuns a todas as tendências do pensamento. O combate à pobreza, à incultura e aos fanatismos será bandeira de luta de toda sociedade, dos países ricos e pobres, dos grandes organismos internacionais, de todas as tendências políticas. Claramente, uma nova concepção de sociedade, global em interesses comuns e nacional em suas raízes históricas, emergirá e sustentará os princípios fundamentais da existência, governados pela democracia política, social e econômica. Esquerda e direita terão mais pontos de convergência do que de divergência. Os esforços comuns em torno, principalmente, da evolução dos contratos e códigos, dos símbolos e dos significados conduzirão a melhores condições de sustentação para a dignidade da existência humana. O sujeito democrático a ser construído nos próximos futuros não será um sujeito individualista, nem um sujeito coletivista. Será, acima de tudo, um sujeito social, um ator social numa sociedade na qual o socialismo não signifique o rompimento das liberdades substantivas, mas o aperfeiçoamento delas, o que garantirá a condição de humanismo.

À revolução científica e tecnológica seguir-se-á outra de caráter social e cultural, redefinindo as relações entre as nações e entre os indivíduos. Os confrontos étnicos, os confrontos entre riqueza e pobreza e os confrontos entre poder econômico e militar deverão ser equacionados dentro de uma nova lógica, a da equanimidade. A lógica da guerra só agravará os conflitos de um mundo em desordem política, onde o poder da força tem sistematicamente se sobreposto ao poder da razão.

CAPÍTULO 7

A reestruturação capitalista: a produção globalizada

A FLEXIBILIDADE DO SISTEMA CAPITALISTA à inovação é indiscutível. A estrutura organizacional capitalista não só absorve como estimula o desenvolvimento científico e tecnológico, investe na pesquisa acadêmica, mantém-se na vanguarda das formas de produção industrial e aplica grandes recursos em P&D. Essa flexibilidade coloca a questão fundamental da permanente reestruturação do capitalismo. A partir dos anos 1970 novamente a mudança tornou-se imperativa à condição paradigmática na dimensão do desenvolvimento pós-industrial. A época de domínio do conhecimento e da informação não surgiu de uma simples evolução progressiva da tecnologia. Não. Ela foi induzida, planejada e programada para acontecer de maneira rápida e radical. Talvez aqueles que inicialmente se incorporaram aos programas de inovação tecnológica não tivessem a clara noção do que poderia acontecer logo adiante, e muito menos imaginar a velocidade das transformações que estavam por vir. Mas havia, sem dúvida, a consciência de que algo novo e revolucionário poderia ser criado, desenvolvido, e que representaria uma ruptura com as tecnologias até então dominantes e ainda propiciaria um novo padrão de enriquecimento pessoal, além de riqueza e poder para os países detentores das inovações tecnológicas.

Duas condições contribuíram decisivamente para o ambiente de criação de novas tecnologias: a política e o talento pessoal. A partir dos anos 1960 o capitalismo estava em aberto confronto com os avanços soviéticos na conquista espacial. Superá-los tornou-se uma obsessão política dos Estados Unidos, o que justificaria qualquer investimento no desenvolvimento científico e tecnológico que garantisse a supremacia norte-americana e, naturalmente, capitalista, não só na pesquisa de fronteira como nos aparatos tecnológicos de defesa. Recursos substanciais foram postos à disposição das universidades para o desenvolvimento de projetos de pesquisa e, principalmente, para garantir mercado para os inventos. Os programas espaciais e de defesa consumiam avidamente toda tecnologia que surgisse e os conhecimentos produzidos pela pesquisa científica. Uma onda científica e tecnológica começou a se erguer no vale do Silício e em outros espaços que concentravam recursos e talentos no território dos Estados Unidos. Logo, outros países, na Europa ocidental e na Ásia, estimularam a formação de importantes áreas de alta tecnologia, cujo dinamismo contribuiu para criar um tempo de redefinição da sociedade humana. Esse novo tempo — o da tecnologia da informação e do conhecimento — foi um produto da intervenção do Estado, motivado principalmente pela ação política voltada para a defesa e a conquista da supremacia científica. O sistema capitalista, por sua flexibilidade e interesses intrínsecos, colheu rapidamente os frutos desse gigantesco esforço político, abrindo caminho aos novos talentos da ciência e da tecnologia, muitos deles incorporados a empreendimentos privados. Em ritmos ainda não experimentados, a economia tradicional da era industrial se transformava numa nova economia, menos tangível do ponto de vista material, mais imaterial em conteúdo e apoiada em novos paradigmas. Eficiência, velocidade e racionalidade passaram a formar o tripé de sustentação da nova frente tecnológica que assumia as estruturas produtivas e de serviços. Eram os paradigmas da reestruturação do capitalismo.

A *perestroika* capitalista foi um sucesso. Amplamente estimulada e apoiada financeiramente pela estrutura política, pelo sistema econômico, pelo mercado consumidor, e contando com uma notável geração de talentos criativos, introduziu as mudanças que viriam caracterizar a era informacional. O mesmo não aconteceu com a *perestroika* soviética, cujo fracasso foi motivado pelo enfraquecimento do sistema comunista de gestão, sem flexibilidade, lento e de baixa energia, embora dispusesse igualmente de grandes talentos na área científica e tecnológica. No capitalismo, o sistema tanto garantiu o triunfo da capacidade criativa dos experimentados técnicos e cientistas que se abrigavam nos laboratórios das universidades, nos centros de pesquisa e nas grandes empresas, quanto acolheu uma geração de jovens técnicos ávidos por criar e gerir tecnologias que fariam o mundo mudar. A microeletrônica consagrou nomes que se tornariam sucessos tecnológicos e empresariais, associados ao mundo dos computadores, em evolução e expansão. Assim também na área da biotecnologia, cujos avanços criariam uma nova revolução na qualidade e nos tempos de vida.

A nova realidade do mundo, a realidade cibernética, não garantiu, contudo, as mesmas maravilhas ao campo social. A onda econômica transnacional, firmemente amparada pelas novas tecnologias, avançaria, selvagem e dominadora, pelo mundo, no processo conhecido como globalização. Forçando a queda das barreiras espaciais, diminuindo o poder de soberania dos Estados-nações sobre as economias internas, desmontando o contrato social e impondo a dependência pelo domínio financeiro e tecnológico, a economia global, triunfante com o aparato tecnológico, tornou-se absoluta no mundo. O desastre soviético fez ruir não só o gigante comunista como a bipolaridade de sistemas que rivalizavam no domínio mundial. A idéia de uma economia global capitalista fez expandir em todas as latitudes e longitudes as sedes da ação econômica, multipolarizando o processo produtivo. Do novo cenário, principalmente a partir dos anos 1990, a informação, o conhecimento e o poder emergiram como fontes alimentadoras do mercado global. Produzir em várias partes do mundo produtos finais e componentes tornou-se uma questão de estratégia. Ampliou-se consideravelmente o conceito de geoestratégia dos espaços econômicos, unindo em rede a multipolaridade de produção e de mercados. Os novos espaços produtivos obedeceram a atributos logísticos, naturais ou criados, desde que conectassem mercados regionais promissores. É importante destacar que em nenhum outro momento da história da expansão econômica as unidades produtivas desenvolveram e aperfeiçoaram tão rapidamente novos modelos de eficiência, velocidade e racionalidade como a partir da globalização. As empresas multinacionais, embora introduzindo novas tecnologias, ainda manteriam até o final dos anos 1980 um perfil muito próximo ao da era industrial. As unidades de produção e montagem abrigavam uma numerosa mão-de-obra organizada em poderosas estruturas sindicais.

A partir dos últimos anos do século XX e nos primeiros do século XXI essa configuração começou a mudar rapidamente. Nos primeiros anos da globalização ainda perdurava a relação maior produção = maior emprego. O avanço avassalador das tecnologias microeletrônicas, dos novos métodos de gestão e dos novos modelos industriais desestabilizaria a equação produção/emprego. As grandes montadoras de componentes produzidos multiespacialmente iniciaram a instalação de novas unidades usando a alta tecnologia robótica e, com isso, abrindo o horizonte à relação produção/conhecimento. Não mais se mantinha a relação da produção com o emprego, mas um novo conceito evoluía a partir das tecnologias da informação e do conhecimento, permanentemente aperfeiçoadas. A nova relação da produção passava a ser com o trabalho qualificado, ou seja, com a capacidade das novas gerações de desenvolverem atividades de produção com trabalho programado, autônomo e especializado. Formaram-se condomínios industriais, compartilhando a mesma espacialidade e interconectando interesses de fornecedores e montadores, como se observa amplamente no setor automotivo.

As grandes corporações multinacionais mantêm sedes produtivas em várias regiões estratégicas, mas os centros de comando e poder, concentradores majoritários do sistema acionário, são mantidos firmemente nos países hegemônicos. Essa condição garante aos países-centros dos fluxos decisórios um indiscutível poder econômico. Assim se distinguem, em dualidade marcante, os grupos dos hegemônicos e dos dependentes. Entre as estratégias formuladas para a nova configuração produtiva multipolar está a de estabelecer redes de circulação de fluxos materiais e financeiros pelas unidades-sedes, em espacialidades dos Estados-nações, sem contudo fortalecê-los a ponto de produzir um poder nacional ou regional além dos limites da dependência. Para isso são utilizadas estratégias especiais, destacando-se, entre elas, a não-transferência de tecnologia de ponta aos sistemas produtivos nacionais e a ampliação do regime de endividamento externo. Presos nessa armadilha estratégica executada pelas grandes corporações multinacionais, apoiadas por organismos financeiros internacionais, estão os Estados nacionais diferenciados como a banda larga periférica. Esses países oferecem oportunidades fiscais e espaciais a investimentos multinacionais, favorecendo a multipolaridade produtiva, porém sem usufruírem de benefícios compensadores. Dessa maneira, no âmbito das nacionalidades periféricas, o desenvolvimento deixou de ser um processo social para ser apenas uma estratégia de crescimento econômico para as grandes corporações multinacionais.

A reestruturação capitalista e a multipolaridade produtiva espalharam pelo mundo os elementos da nova modernidade. A diversidade tecnológica tornou-se um agente poderoso para o conforto e o bem-estar da sociedade. Mas, se por um lado elevou para muitos o padrão e a qualidade de vida, para outros criou a dura realidade da exclusão social. É preciso, contudo, analisar tais fenômenos utilizando variáveis pouco exploradas. O avanço da ciência e da tecnologia é um atributo da inteligência humana que não pode ser detido. É a capacidade de inovação em direção ao aprimoramento, à qualidade e à melhor razão existencial. Se contido, condena a sociedade à reprodução de modelos de sociedade à retaguarda das reais potencialidades do ser humano. Esse foi um grave erro cometido pelo comunismo real e alimentado, ainda, pela esquerda retrógrada. Nivelar a sociedade por baixo, inibir a capacidade criativa, inovadora e empreendedora, e não reconhecer o legítimo direito à ascensão social levaram ao fracasso a experiência comunista.

A produção da riqueza é naturalmente legítima. A distribuição da riqueza é que precisa ser aperfeiçoada. O sistema capitalista é criador de inovação e concentrador de riqueza. O sistema comunista não inovou e produziu uma totalidade pobre. Deve-se também admitir como variável analítica a possível evolução do sistema capitalista para além do individualismo pragmático; talvez um coletivo também pragmático. Não se trata de um retorno à socialdemocracia, pois os pressupostos seriam outros. É possível considerar, porém, que a forma de organização da sociedade, ainda que preservando a livre iniciativa para a produção, a organização dos serviços e a especialização do trabalho, estabeleça uma participação social maior nas atividades econômicas. Isso significaria uma desconcentração econômica e financeira, abrindo novas formas participativas na geração da riqueza. Já é possível observar certas tendências nessa direção, como a distribuição acionária mais ampla, as novas relações de trabalho entre os diversos segmentos produtivos e montadores, e os novos níveis de formação profissional da juventude. O mundo das atividades econômicas, o mundo da formação profissional e o mundo das atribuições dos Estados deverão ser compatibilizados em outra dimensão ideológica. Não de uma ideologia de radicalismos e vantagens egoístas. Mas a ideologia de um mundo compartilhado pelos interesses individuais, coletivos e nacionais.

As avançadas estratégias para produzir bens e lucros terão, mais cedo do que se espera, que incorporar as necessidades sociais à multiplicação do capital. E isso se dará pelo simples fato de que o sucesso empresarial dependerá da ampliação dos mercados consumidores. Assim, toda a gigantesca cadeia produtiva em diversos setores precisará igualmente de outra gigantesca cadeia, a dos consumidores. O desenvolvimento dependerá sempre dos mercados de consumo. Produzir de acordo com a capacidade de consumo é uma estratégia. Para gerar mais produção, e com ela maior riqueza, será sempre necessário ampliar a capacidade de consumo. A inclusão social será, portanto, um item importante para as novas estratégias econômicas. As nações hegemônicas, diante dos conflitos que se agigantam, étnicos e de desníveis sociais, enfrentarão a crescente pressão dos pobres e as perigosas migrações dos excluídos. Concessões terão de ser feitas, a maximização dos lucros revista e as relações internacionais em blocos terão novos contratos, acordos e cooperação.

A multipolaridade capitalista consagrará, nas próximas décadas, a globalização do processo de desenvolvimento; porém, não entendido apenas como estratégias para consolidar domínios de mercado e maximizar lucros. Os Estados, em blocos, construirão alianças e acordos para o processo de desenvolvimento econômico e social em níveis mais equilibrados. A globalização até aqui tem sido um processo eminentemente econômico; o componente social do desenvolvimento foi descartado, desarticulando algumas das relações mais sensíveis à sociedade. O agravamento dos conflitos políticos e étnicos internacionais, o confronto cada vez mais acentuado entre a riqueza e a pobreza, as desigualdades entre as nações no uso da tecnologia e a dívida externa são questões que produzirão reflexões e conduzirão à tomada de medidas que levem à redefinição e à reordenação da ordem internacional. Talvez a palavra capitalismo passe a não ter o mesmo sentido que lhe foi atribuído durante a era industrial. A reestruturação capitalista deixou clara a pressuposição de uma produção sem limites, o que condiciona o processo evolutivo a um consumo também sem limites. Do ponto de vista quantitativo, a ordem de grandeza dessas pressuposições não tem no momento o mesmo nível de realização. Pode-se produzir ilimitadamente, mas não se pode consumir tudo o que se produz. A razão é simples: para consumir, as pessoas precisam de renda e a renda é obtida em atividades que exigem atualmente uma formação profissional. Quanto mais sofisticadas as técnicas, mais qualidade será necessária ao desempenho de atividades. É preciso, portanto, rever, num primeiro momento, os processos educacionais e de formação profissional. A segunda grande configuração a ser estabelecida será a reformulação das relações entre o Estado, ordenador da vida social, e as iniciativas empreendedoras que geram inovações e riqueza.

CAPÍTULO 8

A sociedade pós-moderna: o domínio do conhecimento e da informação

A SOCIEDADE PÓS-MODERNA estabelece um novo marco na evolução da civilização humana. Pela primeira vez na história, perpassando as revoluções tecnológicas anteriores, o principal produto das atividades do homem passa a ser seu próprio conhecimento e a informação sobre ele. O conhecimento e a informação assumiram, brilhantemente, o papel de atores principais no cenário das relações de produção, circulação e serviços. A principal matéria-prima no mundo dos negócios já não sai mais dos recursos naturais, mas da mente humana, extraordinariamente rica, criativa e sem limites. As novas fronteiras do conhecimento, em expansão contínua, consolidam a supremacia da inteligência, apoiada nas mais avançadas técnicas por ela própria revolucionadas. A economia informacional, primeira e mais rápida beneficiária do novo paradigma do conhecimento e da informação, se alicerça sobre os pilares da imaterialidade dos fluxos que constroem o mundo cibernético. Há uma outra dimensão do espaço e do tempo — o ciberespaço —, como uma ordem de coexistências imateriais, contrapondo-se ao espaço das coexistências materiais de Leibniz (1715). Assim, igualmente, um novo tempo de circuitos eletrônicos, assinalado pela instantaneidade dos fluxos.

O que diferencia a época cibernética das anteriores é a imaterialidade dos principais objetos da vida econômica e organizacional. Um mundo de virtualidades passa a dominar as objetividades e subjetividades da nova realidade. A realidade cibernética contrapõe-se à realidade material, construindo o ciberespaço-tempo em novas linguagens, signos e conceitos. O pensamento comanda fluxos não-visíveis, deslocando-se por infovias apenas imagináveis, mas que, para os novos padrões e paradigmas das virtualidades construídas, representam as imagens concretas de ações aceitas e referendadas. O mundo das imagens, dos signos e dos significados produzidos pelas tecnologias avançadas gera mais riqueza em menor tempo do que os longos e controversos anos da era industrial. Na atualidade é possível criar riqueza e maximizar lucros sem os grandes contingentes de mão-de-obra que caracterizaram o processo industrial de poucos anos atrás. Os proletários, amplo grupo representativo e conceitual de trabalhadores de baixa qualificação, hoje não têm maior influência na produção de alta tecnologia e praticamente nenhuma no sistema financeiro. Os novos artífices da economia e dos serviços são os especialistas, que comandam, pelas técnicas, um notável sistema de redes.

As organizações de um passado recente ergueram estruturas verticalmente hierarquizadas, cujos fluxos decisórios circulavam materializados em documentos concretos e com a objetividade do poder de comando. Essas estruturas organizacionais ruíram diante das novas tecnologias; as pirâmides burocráticas foram e vêm sendo substituídas pela horizontalidade dos fluxos cibernéticos. Eliminam-se as paradas nas inúmeras estações burocráticas, somadoras de informações segmentadas, e que dão origem aos processos burocráticos, densos e demorados, principalmente nos órgãos públicos.

Pode-se estabelecer um tempo burocrático e um tempo pós-burocrático tanto para as organizações privadas quanto para as públicas. Os grandes organismos burocráticos atingiram seu ponto máximo de excelência durante a era industrial. Não foram as organizações públicas que desenvolveram as grandes pirâmides burocráticas; foram, precisamente, as organizações privadas, principalmente após a introdução dos modelos de produção em série e da estrutura verticalmente hierárquica do trabalho criados e desenvolvidos pelo fordismo. As grandes empresas, nacionais e multinacionais, estruturaram e organizaram seus serviços por meio de uma ampla rede burocrática e de um sistema de poder distribuído ao longo da coluna hierárquica do processo decisório. Foi tão marcante o modelo organizacional burocrático nas empresas privadas que por longo tempo a primazia do poder e do *status* estava mais na organização dos serviços do que na própria planta industrial. Os planos de carreira privilegiavam muito mais as categorias que prestavam serviços nos escritórios do que os técnicos diretamente envolvidos no processo de produção. O advento da época cibernética vem derrubando progressivamente os grandes ambientes burocráticos e, conseqüentemente, todo o aparato sindical correspondente. A complexa rede burocrática de organização dos serviços cede rapidamente à horizontalidade, à eliminação do excesso de normas, à rapidez e à eficiência dos sistemas informáticos. Diante dessa nova realidade, a categorização sindical agoniza, emergindo, na pós-burocratização, os movimentos temáticos profissionais independentes.

As organizações privadas promoveram, rápida e eficientemente, as transformações estruturais e organizacionais dos serviços exigidas pela evolução das técnicas, tanto de gestão quanto da microeletrônica. A racionalidade formal — maximização dos recursos disponíveis — vem redirecionando o emprego, eliminando os planos de carreira e introduzindo a gestão pelo conhecimento e a informação. As técnicas microeletrônicas, criando novos sistemas de valores, imagens e linguagem, mudam o perfil das empresas, aumentando a densidade dos instrumentos técnicos que intermedeiam os negócios e a prestação dos serviços. As organizações privadas, por outro lado, têm a capacidade impositiva de mudar rapidamente a cultura responsável pelo desempenho do trabalho, ao contrário dos organismos públicos, dominados por condutas recalcitrantes às inovações. As organizações privadas pós-burocráticas estabeleceram novos paradigmas para a estrutura e a organização da produção e dos serviços. As bases operacionais dos sistemas pós-burocráticos asseguram ambientes de trabalho dominados pela eficiência, pela velocidade dos fluxos e pela maximização dos resultados. O espaço dos fluxos ultrapassa o conceito de espaço dos lugares, estabelecendo uma nova lógica de tempo, cujo principal suporte, atualmente, são os sistemas de enlaces no contexto cibernético. Essa nova configuração pós-burocrática responde pela extraordinária eficiência das organizações privadas num tempo de forte concorrência e disputas de mercado. Embora a nova modelagem das organizações privadas não represente ainda uma ruptura com os modelos burocráticos de organização, pode-se identificar uma enorme flexibilidade das variáveis "estrutura" e "tecnologia" nos novos padrões dos sistemas dominados pelo conhecimento e pela informação, como bem assinalam Dellagnelo e Machado da Silva.

Nas organizações públicas, a mudança das estruturas e a transição das práticas burocráticas para as pós-burocráticas têm dinâmica muito lenta, reproduzindo níveis de baixa energia na movimentação dos fluxos decisórios. No setor público, a variável "estrutura organizacional" apresenta um nível de potencialidade fraco, dominando amplamente os modelos organizacionais pouco flexíveis, extremamente fragmentados do ponto de vista burocrático e com excesso de normas na movimentação dos fluxos. A variável "tecnologia" é a que apresenta um nível de evolução mais forte, embora, paradoxalmente, preste suporte técnico às redes hierárquicas dos sistemas dominados pelo formato piramidal dos fluxos decisórios. A variável cultural é a mais problemática nas organizações públicas. A cultura predominante é ainda a da permanência histórica de organização dos serviços públicos, engessados nos planos de carreira e na unifuncionalidade do desempenho. As organizações públicas não romperam com os modelos piramidais burocráticos, não flexibilizaram suas atividades em termos de estrutura, tecnologia e cultura, permanecendo, numa condição fora do tempo da atualidade, como uma intemporalidade burocrática.

O serviço público é essencial à organização e ao poder do Estado. Não há Estado forte sem um bem estruturado serviço público. O objetivo central de um Estado pós-moderno não é a maximização do poder, como nos modelos estatais absolutos, mas a prestação de serviços de qualidade, essenciais à ordem econômica e social. É também um fundamento do Estado, quando representa uma sociedade livre e soberana, incorporar, ao longo de sua história, um patrimônio estratégico de empresas públicas capazes de assegurar o suporte de infra-estrutura necessário ao impulso de desenvolvimento econômico e social. Esse Estado pós-moderno, em sua funcionalidade, deve ser portador de estruturas e formas organizacionais distanciadas dos modelos rígidos da normalização burocrática. Os paradigmas eficiência, velocidade e racionalidade formal devem também pontificar o desempenho do setor público. O fortalecimento do Estado pela eficiência e qualidade de seus serviços contribui para a caracterização do que se traduz por uma sociedade nacional independente, com valores, signos e imagens projetados para uma sociedade global, com oportunidades iguais e o reconhecimento das identidades nacionais históricas e culturais. A evolução das organizações públicas burocráticas para modelos de alta flexibilidade, muito próximos das organizações pós-burocráticas, significa, ao contrário do atual processo de enfraquecimento do Estado, sua qualificação e fortalecimento; numa palavra, o fortalecimento da nação. Numa época de extrema dependência externa, o valor do Estado qualificado poderá representar um caminho para um novo tempo de soberania e dignidade nacionais.

A questão da passagem do modelo burocrático para o pós-burocrático pressupõe a observância de ritmos diferenciados, dependendo dos ambientes organizacionais. Para Dellagnelo e Machado da Silva é preciso levar em consideração a racionalidade dominante nas organizações e as variáveis próprias da estrutura ou do desenho organizacional. Os autores destacam a racionalidade como o diferencial para a ruptura do modelo burocrático. Vieira (1997) considera os ambientes institucionais como diferenciais, particularmente para a utilização do processo de estruturação organizacional pública. As organizações privadas que retardarem suas inserções nos novos modelos produzidos na atualidade informacional não sobreviverão por muito tempo. Os ambientes organizacionais privados recalcitrantes às inovações tecnológicas desaparecerão rapidamente. No setor público, os que não se instrumentalizarem em padrões qualificados de desempenho tenderão a se tornar retardatários nas técnicas e nos métodos operacionais, comprometendo a qualidade dos serviços e alimentando os conflitos no sistema burocrático.

Na sociedade do conhecimento e da informação há um amplo domínio da tecnologia. Se a sociedade informacional é construída pelo paradigma do conhecimento e da informação, a nova organização social dele derivada se apóia firmemente no uso das técnicas que o instrumentalizam. Assim, conhecimento e informação só se tornam um paradigma concreto com o suporte tecnológico. Nesse caso, a tecnologia é ao mesmo tempo um produto do conhecimento e instrumento de prática do conhecimento. Ora, como o conhecimento gera informação e a informação é processada pelas técnicas, cria-se uma indissociabilidade entre as três categorias. Forma-se, pelo efeito da indissociabilidade, uma unidade paradigmática expressa: tecnologia da informação. A era industrial foi segmentada em diversas fases marcadas pela mudança de paradigmas tecnológicos. A máquina movida a vapor, a máquina movida a combustível líquido e a máquina movida a eletricidade representaram mudanças evolutivas paradigmáticas; todas, contudo, dentro do universo das tecnologias mecânicas. A primeira revolução tecnológica (das ferramentas), a segunda revolução tecnológica (das máquinas) e a terceira revolução tecnológica (da microeletrônica) introduziram novos sistemas de produção e relações sociais, revolucionando a própria organização da sociedade. Todas tiveram seus paradigmas, ou seja, o conjunto de inovações técnicas que repercutiram na organização social. Há, contudo, caracterizações fundamentais entre as três grandes revoluções tecnológicas que o mundo conheceu: a velocidade do processo evolutivo, a rapidez das mudanças provocadas e a realidade material e imaterial que formaram o espectro amplo e diferencial entre elas.

O processo evolutivo que permeou a era das ferramentas até a era das máquinas foi lento e, portanto, de longa duração. Na verdade, iniciou-se na era das ferramentas o processo cumulativo teórico e empírico do conhecimento e da informação. As barreiras impostas pela tradição, pelas imposições políticas e pelos aparelhos religiosos dificultaram a evolução do pensamento e de seu principal produto: o conhecimento. A era das máquinas herdou um potencial de conhecimentos maiores, tanto pela evolução das ferramentas, quanto pelo alargamento dos horizontes geográficos, iniciados com a passagem do feudalismo ao mercantilismo. O processo cumulativo da era industrial, com vários paradigmas incorporados, foi extraordinariamente rico. Os três estágios evolutivos das máquinas se sucederam e compartilharam aplicações durante períodos significativos de tempo. Os padrões de qualidade se aperfeiçoaram com maior rapidez, principalmente nos períodos imediatamente posteriores às duas grandes guerras mundiais (1914-18 e 1939-45). A partir de 1950 começaram a ser desenvolvidas as novas tecnologias que introduziriam a era da microeletrônica nos anos 1970.

A nova era, a das técnicas informáticas, herdou, por sua vez, um processo cumulativo imenso, favorecido pela derrubada das barreiras políticas, sociais e religiosas que inibiam o desenvolvimento amplo do conhecimento. Dessa maneira, a rapidez das mudanças operadas na sociedade em função de novos paradigmas foi-se acentuando à medida que o processo cumulativo de conhecimentos foi gerando novos conhecimentos. A informação, produto do conhecimento expandido, ganhou maior velocidade com o constante aperfeiçoamento tecnológico. Castells salienta que a informação foi crucial em todas as etapas da sociedade humana, portanto sempre existiu a sociedade da informação. O ciclo das grandes navegações, por exemplo, foi uma iniciativa em busca de informações sobre as novas fronteiras do mundo e, naturalmente, das riquezas em terras do além-mar. Já a sociedade informacional, para Castells, que introduziu o termo, refere-se a uma forma de organização em que a geração, o processamento e a transmissão da informação se vinculam à produtividade e ao poder, com suporte nas tecnologias microeletrônicas. Essa relação íntima entre informação, produtividade e rede delineou a configuração da sociedade em rede para a movimentação dos fluxos. Essa movimentação dos fluxos em teias, com a instantaneidade que as novas tecnologias permitem, faz uma enorme diferença quanto à rapidez das mudanças.

As realidades material e imaterial diferenciam os ambientes tecnológicos, a produção e a circulação dos fluxos, os bens reais e virtuais, as novas formas de riqueza, os novos padrões de comportamento, de linguagem e de significados. Ao contrário das identidades da era industrial, cujos bens e riquezas eram medidos por materialidades concretas, o tempo pós-industrial consagra o bem intangível, o bem virtual, movimenta fluxos cibernéticos, cria a riqueza do conhecimento e da informação, comunica-se por meio de signos e imagens introduzidos pelas técnicas e enriquece a linguagem com novas formas de expressão. Nesse novo mundo de virtualidade incorpora-se o mercado, pois os produtos cibernéticos criam um consumo também cibernético. Grande parte das relações entre produtores, prestadores de serviço e consumidores realiza-se pelas infovias, fazendo amplo uso de fluxos imateriais. As técnicas do mundo da microeletrônica colocam o contraditório entre a materialidade da ação, objetiva e pragmática, e a imaterialidade da execução da ação, subjetiva e virtual. A objetividade real, representada pelo ambiente da vontade e da realização pessoal ou coletiva, e a subjetividade virtual dos meios de realização da ação do sujeito indivíduo ou do sujeito coletivo são partes indissociáveis no mundo da pós-modernidade das técnicas, do conhecimento e da informação.

Há uma convergência que precisa ser realçada. A necessidade de penetrar mais fundo no conhecimento conduz à necessidade de aperfeiçoar o aparato tecnológico. Uma vez criadas ou aperfeiçoadas, as tecnologias tornam-se meios absolutamente indispensáveis ao avanço do conhecimento e da informação. O grande salto da biotecnologia nos últimos anos bem ilustra essa afirmativa. A velocidade do avanço científico, proporcionado em grande parte pelas técnicas, acaba por contrapor-se à lentidão das mudanças nos códigos éticos e de conduta moral. A discussão sobre as possibilidades de ampliar e aplicar os novos conhecimentos da biologia e da genética, por exemplo, gera sempre, inicialmente, mais condenação, suspeita ou cautela, tendo em vista dogmas preconcebidos sobre as novas descobertas e experiências. Há, inevitavelmente, o confronto do novo com os códigos de conduta estabelecidos. Contudo, os horizontes científicos e tecnológicos se ampliam permanentemente, pois é da natureza humana buscar novas formas de romper as barreiras do conhecimento e, dessa maneira, gerar novas fontes de informação. A cadeia do genoma, a funcionalidade dos genes e as possibilidades de clonagem humana são avanços científicos que ultrapassam rapidamente os códigos de conduta e exigem a formulação de novos princípios éticos capazes de assegurar a aplicabilidade do conhecimento em benefício da humanidade. A associação da mente e das técnicas configura uma ilimitada capacidade de redimensionar permanentemente o espectro da ciência e da tecnologia. O conhecimento é o mais notável atributo da mente humana. Trata-se, porém, de um atributo que precisa ser desenvolvido, estimulado e aperfeiçoado continuamente. O obscurantismo que dominou vários períodos históricos, e que ainda hoje domina vários níveis do impulso civilizador, retardou, e ainda retarda, o processo de evolução do conhecimento. As sociedades mais abertas e as que tiveram a percepção da importância do conhecimento e da informação se descolaram das restantes, estabelecendo novas dimensões para a ciência e a tecnologia. Criou-se, dessa forma, uma ampla faixa de desigualdade do conhecimento e da informação entre países, produzindo uma forma de poder sustentado pela dominação científica e tecnológica.

A sociedade cibernética garantiu a rápida implantação e o sucesso da economia global. Antes da revolução das tecnologias microeletrônicas, a economia era mundial, formada por fragmentações produtivas nacionais que promoviam o processo de acumulação de capitais em tempos diferenciados. A partir dos anos 1990, principalmente, a economia foi se tornando global, observando um ritmo acelerado de expansão. A economia global corresponde à produção industrial multipolarizada nos espaços mundiais, guardando identidade temporal nos níveis tecnológicos. A mesma escala de tempo uniformiza e atualiza a produção em todas as unidades espaciais, circula fluxos e conquista mercados pela competição e pela produtividade. A competição é um atributo da economia global baseada na eficiência, na velocidade e na racionalidade do processo produtivo e de circulação. A economia global é uma unidade de produção espacialmente expandida, formada por um universo de grandes e pequenas empresas atuando em escala mundial, sem as barreiras impostas pelas nacionalidades. O produto é global, o mercado é global e o consumo é global. Essa visão de globalidade para a economia e as ações concretas dela derivadas é uma realidade possibilitada pelo conhecimento, pela informação e pelas técnicas que permitiram sua instrumentação. Os sistemas informáticos deram o suporte técnico necessário à expansão globalizada da economia e à contração do tempo na movimentação dos fluxos. Essa a grande diferença entre a fase do imperialismo econômico patrocinado pelas potências hegemônicas, e implementado pelas corporações multinacionais, e a economia global. O imperialismo econômico foi uma ação de exploração produtiva particularizada nas nacionalidades periféricas. A economia global é uma ação produtiva sistêmica, temporal e interconectada espacialmente; os componentes são globais para montagens globais, assim como a lucratividade é global, as relações de trabalho são igualmente globais e os padrões de comportamento seguem uma tendência global.

As tecnologias pós-modernas permitem à informação correr o mundo em intervalos mínimos de tempo, movimentando capitais, concretizando operações comerciais e definindo novos modelos de comportamento. O mundo informacional é um mundo de interdependência; tudo o que acontece nas diferentes latitudes e longitudes afeta direta ou indiretamente a todos. As relações internacionais são globais e as ações que nelas se produzem repercutem em todos os países. A crise de um país é sempre uma crise global, pois envolve interesses regionais e globais de comércio e de investimentos. Na cadeia global de interdependências, a informação representa a expressão de um domínio tecnológico indiscutível.

A tecnologia da informação é um poderoso agente de transformação dos métodos de trabalho, das reestruturações organizacionais, do modo de vida das pessoas e das coletividades. A maneira de aplicar a tecnologia da informação é que faz a diferença tanto nas organizações privadas quanto nas públicas. Nas organizações privadas, a informação e o suporte tecnológico que a qualifica representam um valor agregado aos processos de inovação e mudança. Nos organismos públicos, nem sempre; cria-se, comumente, uma promiscuidade entre o uso de avançadas tecnologias da informação e os ambientes burocráticos obsoletos. Há, porém, em vários órgãos públicos, principalmente nos países periféricos, um viés de mudança nas estruturas organizacionais capaz de torná-los ágeis, eficientes e com custos operacionais mais baixos. O gigantismo burocrático no serviço público deve-se, entre outros fatores, à excessiva complexidade do sistema de serviços, à extrema verticalidade hierárquica do poder decisório, aos planos de carreira unifuncionais e isonômicos e à falta de tecnologias avançadas para os sistemas operacionais.

A sociedade do conhecimento e da informação é um novo tempo ainda em sua aurora. Nos próximos anos, com maior velocidade, a mudança, a inovação e o comportamento caracterizarão mais claramente a pós-modernidade. As novas gerações construirão os próximos futuros e, neles, uma civilização avançada no conhecimento e na informação.

Capítulo 9

As redes estratégicas para a interconexão dos fluxos

O GRANDE MUNDO DA INFORMAÇÃO se completa com o sistema de redes informáticas. As redes são as infovias organizadas em sistemas por onde fluem as informações e a partir das quais as relações de negócios, o uso dos conhecimentos, as ações políticas, a renovação cultural, enfim, configuram o novo e amplo espaço cibernético. As redes em sistemas informáticos interconectam pontos vitais à movimentação dos fluxos.

As redes como enlaces de fluxos no ciberespaço evoluíram rapidamente com o aperfeiçoamento das técnicas computacionais, que permitiram não só a utilização sempre avançada de novos equipamentos, como favoreceram a criação de programas para a interconexão de fluxos, ou seja, a instalação das redes imateriais de circulação, armazenamento e processamento da informação. Com a ampla utilização dos microcomputadores, os sistemas em redes passaram, a partir de 1980, a representar um eixo cibernético em torno do qual se fundamentou a grande reestruturação do capitalismo. A economia global não teria alcançado a dimensão e o sucesso que obteve em tão pouco tempo se não contasse com um eficiente sistema para interconectar suas unidades de produção e montagem, distribuídas espacialmente em escala planetária. Sem a instalação de um sistema de redes que assegurasse a rapidez e a convergência dos fluxos decisórios, o sistema financeiro global, de sua parte, não teria condições de operar as vultosas e quase instantâneas aplicações que diariamente circulam pelos centros financeiros mundiais. A informação, nos mercados financeiros de alta volatilidade, é uma premissa fundamental e valiosa para a realização de aplicações financeiras.

O sistema de redes, inicialmente utilizado para transmitir informações e decisões militares durante a II Guerra Mundial, tornar-se-ia um dos mais importantes pressupostos da nova ordem econômica. A partir dos anos 1990, a expansão das redes atingiria outros setores da sociedade, delineando, para o início do século XXI, uma sociedade global consolidada em sistemas e subsistemas interconectados. A sociedade em rede[3] tornou-se interativa em todos os campos do conhecimento e das atividades. O grande, e quase permanente, trânsito tecnológico entre o final do século XX e o início do século XXI, assinalado pelas rápidas transformações nos padrões das técnicas cibernéticas, vem condicionando mudanças igualmente rápidas na estrutura e no comportamento das organizações.[4] Dessa forma, as redes são organizadas e utilizadas de acordo com a estratégia competitiva de cada empresa. Definir estratégias empresariais num mundo de alta competição exige o uso de técnicas e métodos altamente qualificados, visando níveis adequados de produtividade, que é o valor produzido por unidade de trabalho e capital.[5]

Há uma tríplice aliança na organização empresarial: eficiência, qualidade e lucratividade. O padrão de eficiência e de qualidade determinará o nível de competição e de lucratividade. A eficiência é uma questão organizacional, tanto de estrutura produtiva quanto de relações com o mercado. A competição na atualidade é uma questão estratégica que possibilita concorrer com vantagem em mercados altamente disputados. As novas tecnologias microeletrônicas, os formatos organizacionais e as técnicas de gerenciamento impõem uma racionalidade produtiva que permite às empresas projetar estratégias de competição. Ora, em ambientes de alta concorrência é preciso estabelecer posições de mercado, com espaços de consumo bem definidos, capazes de atingir o objetivo final — a lucratividade. Os determinantes da produtividade — a tecnologia, a estrutura organizacional e o gerenciamento — são os mesmos das fases anteriores do capitalismo. A diferença está no processo de inovação tecnológica, na reestruturação organizacional e nos novos métodos de gerenciamento. Por outro lado, na eco-

[3] Castells, 1999.
[4] Vieira, Eleonora, 2001.
[5] Porter, 1993.

nomia global, o sistema de rede passou a integrar o elenco dos determinantes da produtividade.

As redes estratégicas permitem a interconexão dos fluxos da riqueza e do poder. Cria-se, desse modo, a interatividade entre a riqueza, o poder e o ser. As redes alcançam as relações que se produzem entre o fato econômico, o fato de consumo e o fato social. Fato econômico é a capacidade de produzir bens — e colocá-los no mercado para gerar o fato de consumo — que exprimem diretamente as formas de comportamento de cada um diante de suas necessidades básicas e as de caráter cultural; todas, no fundo, representando, em escalas diferenciadas, o fato social. As redes estratégicas das empresas (uso privado), dos órgãos governamentais (uso público) ou de caráter genérico (uso de toda a sociedade) categorizam as atividades no tempo de cada atualidade. As empresas usam as redes estratégicas para garantir a concorrência e a lucratividade nos espaços de consumo; os órgãos governamentais as usam para a prestação de serviços públicos e as estratégias de defesa da ordem interna e da soberania; e as de caráter genérico servem ao coletivo social, como a internet, disponibilizando informações que atendam a interesses pessoais ou coletivos.

A evolução dos sistemas de redes estratégicas pelas empresas da economia global favoreceu a introdução da chamada flexibilidade organizacional. Num passado recente, as plantas fabris incorporavam múltiplas funções, se auto-abastecendo de inúmeros insumos e até de componentes. A tipologia da produção em série contava com complementações próprias, o que acabava por exigir uma estrutura organizacional ampla, vertical e extremamente rígida. Cada unidade industrial se transformava num complexo mundo de produção, mão-de-obra e burocracia. A condição pós-industrial, com os recursos das tecnologias informáticas, com estruturas organizacionais simplificadas e gestão executiva, produziu um novo perfil industrial, uma nova planta de produção, de montagem e de redes estratégicas entre as unidades centrais, os fornecedores e os distribuidores. As plantas individualizadas vêm sendo substituídas pelos condomínios industriais, que utilizam um espaço físico compartilhado, ou interagem no ciberespaço. Em ambas as alternativas, as redes comandam os sistemas de suprimento de insumos e componentes a serem disponibilizados em determinadas escalas de tempo. O estabelecimento das redes de fornecedores de insumos e componentes consolidou a flexibilização organizacional como um dos maiores avanços do pós-modernismo no mundo empresarial. Com ela veio também, e por conseqüência, a flexibilização das relações de trabalho, das relações entre produtores e distribuidores e entre esses e os consumidores. O consumidor pode optar pela compra de produtos na forma tradicional de comércio, com contato direto entre ele e o distribuidor, ou pela compra via internet. Nesse caso, abre-se o espaço de uma nova forma de realização do consumo em rede direta entre o produtor e o consumidor. A intermediação se faz pela infovia, ou seja, uma malha informática que permite, por meio de *softwares* específicos, a circulação de fluxos personalizados.

Embora a economia e as redes tenham configuração tempo-espaço global, as conexões são estabelecidas nos Estados-nações. É neles que se complementam as etapas do processo produtivo e dos segmentos montadores, além da cadeia de distribuição e de espaços significativos do mercado. Porter chama a atenção para o papel importante da localização, o que destaca a importância ainda maior da base nacional. Vencida a primeira etapa do processo de globalização, cujos impactos negativos nas economias nacionais transparecem claramente, a tendência é de se produzir progressivamente relações mais harmônicas entre as bases nacionais e a economia global. Afinal, essas bases é que implementam e configuram a economia global. Os desequilíbrios produzidos pela globalização nas economias periféricas devem-se em grande parte às estratégias de lucratividade máxima das grandes corporações que dominam a economia global. Houve também um componente psicológico muito forte nos países dependentes, caracterizado pela postura romântica de uma abertura indiscriminada, sem levar em conta as desigualdades reais do confronto das empresas nacionais com as poderosas corporações multinacionais. As empresas nacionais, privadas ou públicas, não resistiram à superioridade tecnológica e financeira das empresas globais. Empurrados pela dialética neoliberal, os países periféricos se apressaram em processos de privatização de empresas públicas e na transferência de ativos privados para o exterior. A privatização indiscriminada enfraqueceu o patrimônio público, com reflexos imediatos no poder de negociação entre os países endividados e os credores internacionais. Quanto à compra de ativos das empresas privadas, o que estava em jogo, no interesse das grandes corporações multinacionais, eram, na verdade, os segmentos de mercado envolvidos.

Os lugares-globais, em territorialidades nacionais consentidas, compõem o sistema de nós das redes que movimentam a economia global. A queda das barreiras espaciais abriu caminho à expansão, em escala planetária, das unidades de produção, dos sistemas de circulação e das potencialidades dos mercados regionais. A formação de um sistema de localidades para operar a economia global promoveu mudanças no comportamento político. Novas estratégias políticas visando o processo de desenvolvimento passaram a incluir as condições logísticas das localidades, bem como, numa visão macrorregional, as novas configurações geoestratégicas dos espaços produtivos. A inserção dos Estados-nações na economia global exigiu a formulação de enfoques globais, o que favoreceu a seleção dos lugares, o uso das potencialidades logísticas e a prática de políticas fiscais para a atração de investimentos. Cada novo lugar na cadeia econômica global representa um novo nó no sistema de enlaces. As estratégias globais seguem uma determinada orientação, em busca da lucratividade que os mercados possam oferecer. Para isso promovem a produtividade — possibilidade de aproveitamento máximo dos recursos com o mínimo de custos —, garantindo, assim, a base de concorrência nos mercados globais. As redes globais, unindo os múltiplos nós das localidades produtivas e de montagem, garantem, com o aniquilamento do tempo, o fluxo instantâneo das informações e das decisões que implementam os negócios.

Uma das mudanças mais importantes na organização empresarial ocorreu na estruturação burocrática dos serviços. À verticalidade seguiu-se a horizontalidade dos fluxos e das hierarquias funcionais. O grande agente dessa transformação foi o sistema de enlaces informáticos em todos os setores da empresa. O novo perfil na execução dos serviços incorporou os fluxos do processo empresarial, utilizando as redes. O resultado mais imediato foi a passagem rápida da verticalidade do sistema para a horizontalidade do desempenho organizacional. A dinâmica interna em rede — intranet — possibilitou uma contração burocrática e uma flexibilidade operacional maior nas empresas, especialmente as que se voltaram para o mercado global. Ora, o mercado global é de forte concorrência, o que levou as empresas a mudanças estruturais, capazes de lhes assegurar os níveis adequados de produtividade e lucratividade. Foram as redes que garantiram a flexibilização dos sistemas organizacionais das empresas globais. Sem elas, seguramente, a passagem dos modelos burocráticos para os modelos de flexibilidade seria mais demorada. Assim, as redes tornaram o modelo de "empresa horizontal"[6] viável no curto prazo, não só internamente, como nas alianças estratégicas entre várias empresas e o mercado.

A transformação rápida por que passaram as empresas em pouco mais de uma década mostra claramente a revolução organizacional promovida pelos sistemas informáticos e, particularmente, pela interconexão pro-

[6] Castells, 1999.

duzida pelas redes. As repercussões se fizeram sentir imediatamente na quantidade e no perfil dos recursos humanos utilizados pelas empresas. A reestruturação interna, passando de modelos burocráticos rígidos para modelos de flexibilidade organizacional, se processou a partir da introdução das novas técnicas disponibilizadas com o aperfeiçoamento dos microcomputadores e também com a introdução de novos sistemas de *software*. O número de funcionários nas estruturas administrativas foi sensivelmente reduzido, ascendendo os portadores de formação qualificada para operarem os sistemas informatizados. As mudanças provocadas pela informatização na utilização de recursos humanos em todas as atividades econômicas são um fenômeno da época (atualidade pós-moderna). A época dos microcomputadores, das redes, da eficiência e das racionalidades emprega menos, produz mais e atua globalmente. A pós-modernidade pode ser identificada pelas maximizações que produz: a máxima utilização da alta tecnologia, a máxima globalização da economia, a máxima lucratividade e, negativamente, a máxima exclusão social. Os paradigmas pós-modernos provocaram rupturas no ordenamento social, nas estáveis relações de emprego e nos níveis de renda. Na verdade, o social, a partir dos anos 1990, foi sendo continuamente descartado. As ondas de desemprego aprofundaram os desequilíbrios sociais, principalmente em sociedades nas quais ainda é disponibilizado um grande contingente de mão-de-obra de pouca ou quase nula especialização.

A economia global e as redes estratégicas para domínio dos mercados priorizaram a competição como meio de garantir espaços de consumo ante a forte concorrência em todos os segmentos econômicos. Por vezes, a competição ultrapassa os limites das coexistências pacíficas em ambientes de livre concorrência, para tornar-se selvagem e mesmo antropofágica, com a eliminação, absorção ou fusão forçada de concorrentes. Vence o mais forte, ou seja, o que tem maior poder tecnológico e financeiro. Os tempos de guerra econômica pelos mercados globais atingiram duramente os Estados-nações dependentes e os pressupostos sociais de cada um deles. Os contratos sociais foram aniquilados ou fortemente desfigurados, as desregulamentações desembocaram em práticas de privilégios abusivos e as fronteiras se tornaram ponto zero para os fluxos de capital, de decisão e de manifestação de poder, oriundos dos centros operacionais da economia global. As redes estratégicas antagonizaram os interesses das grandes corporações globais econômicas e financeiras com os interesses nacionais. O resultado desse antagonismo é a crise que seqüencialmente vem atingindo os Estados nacionais periféricos; crise produzida pelos crescentes desequilíbrios na produção, no uso da tecnologia, no volume de capital, nas oportunidades de emprego e na destinação dos recursos públicos.

A rápida interconexão dos fluxos movimentados nas redes estratégicas da economia global produziu, sem que pudesse ser detida em algum momento, uma força de sujeição crescente nos países da periferia capitalista. O endividamento externo e o controle dos ativos internos por corporações multinacionais continuaram agigantando o processo de sujeição. Embora uma nova ordem econômica e financeira tenha se instalado a partir dos anos 1990, nenhum organismo internacional especializado foi criado para lidar com as variáveis da globalização. Nem mesmo ocorreram reestruturações naqueles estruturados para realidades passadas, como o Fundo Monetário Internacional, criado para manter a estabilidade monetária no mundo, ou o Banco Mundial, para o financiamento de infra-estrutura. O FMI insiste em modelos ortodoxos, fora do contexto atual, provocando mais endividamento e menos desenvolvimento para os países dependentes. O Banco Mundial já não financia projetos vultosos de infra-estrutura, pois não há garantias suficientes de reembolso, tendo em vista os limites máximos de endividamento dos países subdesenvolvidos; alguns considerados, por eufemismo, emergentes. A OMC, instituição reguladora do comércio internacional, adaptou-se à pós-modernidade nas relações de comércio, produzindo ações que quebrariam, ainda que timidamente, o poder de decisão das nações hegemônicas. A OMC tende a se constituir num órgão de regulamentação harmônica dos interesses comerciais entre todos os países. Com a admissão da China na Organização Mundial do Comércio e a descentralização das decisões, a tendência é, nos próximos anos, se estabelecer uma nova rede estratégica, pela qual o comércio poderá fluir sem embargos, sem protecionismos e sem aviltamento de preços.

Outra importante conseqüência dos sistemas de redes na economia global é a difusão do poder. A multipolaridade das unidades de produção e o encadeamento das relações entre elas, de uma mesma corporação ou não, gera um gigantesco fluxo de decisões, que representa múltiplas formas de poder. Durante a era industrial, o poder tinha grande verticalidade, fluindo do alto da pirâmide para a base, e alicerçado na unipessoalidade de comando. O dono do capital se confundia com o dono da empresa e mais ainda com o comando supremo das decisões. Era o capitalista na sua expressão mais pura, membro de uma elite que detinha poder e influência de poder. Os donos dos meios de produção, de um lado, e, de outro, os operários configuraram o mais contrastante conflito ideológico do século XX. O poder era muito personalizado em comando, com poucas concessões e firmemente direcionado a determinados objetivos. A rigidez do poder se fazia sentir diretamente em todo organismo empresarial. A figura dos capitães de indústria simbolizava a atividade industrial e personalizava riqueza e poder.

A conexão lógica entre a ação e o poder[7] representa a capacidade de influir sobre o processo, de criar uma diferença. Na hierarquia do poder piramidal, as decisões centralizadas em um comando único atingiam o processo organizacional de maneira direta e inequívoca. Uma vez estabelecida uma influência sobre o processo, e com ela uma diferença inicial, as possibilidades de ele receber novas influências e absorver novas diferenças eram muito pequenas. Esse fenômeno organizacional ocorreu largamente nas empresas de domínio familiar. A inflexibilidade do processo em termos de conexão entre a ação e o poder levou importantes indústrias e complexos industriais à decadência, principalmente nos países onde a cultura empresarial estava dominada pelos sentimentos e laços familiares.

A terceira revolução tecnológica, que engloba as novas técnicas e os novos métodos organizacionais, mudou substancialmente o quadro da ação e do poder. A conexão lógica entre a ação e o poder substituiu a verticalidade e a personalização do poder pela horizontalidade e pela flexibilidade dos fluxos decisórios. Essa nova realidade alterou radicalmente os comportamentos de comando. O poder flui de maneira multidirecional entre os nós das redes, a partir da interconexão de informações. As mudanças nas técnicas de gerenciamento e no poder dos executivos formam, com a flexibilidade organizacional, o espectro de uma profunda reestruturação empresarial. As redes do ciberespaço garantem a instantaneidade à tomada de decisões, não mais isoladas ou centralizadas, mas interconectadas com o sistema operacional da empresa ou das alianças empresariais.

As redes, e a internet em primeiro plano, abriram caminho à formação de um outro tipo de atividade na área dos serviços. Empresas cuja finalidade é fornecer informação utilizam a internet para estabelecer ligações globais, interconectando um sistema interativo. Para essas empresas, a informação passa a ser um produto altamente valorizado, tanto no mundo dos negócios quanto para os interesses do Estado. São sistemas de informação que produzem a informação seletiva, que em determinadas condições pode representar uma situação decisiva para a realização de negócios

[7] Giddens, 1989.

ou a tomada de decisões políticas. Uma nova forma de poder ou influência de poder se estabelece, pois quem dispõe de uma informação estratégica detém de certa forma um potencial de poder. A rede de informantes, ao captar uma informação privilegiada, garante à empresa uma situação duplamente vantajosa; de um lado, a empresa passa a ter uma reserva de poder e influência de poder que poderá ser liberada para uma ação estratégica de negócio ou de decisão política; de outro, a empresa que trabalha com informações privilegiadas e/ou altamente seletivas pode representar uma nova forma de acumulação de capital, gerada pelo conhecimento e pela informação. Como a atividade se processa no ciberespaço, o capitalismo ganha uma nova versão dentro da enorme flexibilidade para produzir e acumular riquezas que o tem caracterizado ao longo do tempo.

Mas a interconectividade em escala global também tem produzido importantes rupturas no comportamento das pessoas. Há, presentemente, uma forte mudança nas rotinas estabelecidas, na descontinuidade das tarefas cotidianas, na não-reprodução de modelos de trabalho e nas reações individuais diante das técnicas e das novas perspectivas que elas oferecem. Giddens[8] afirma que o conceito de rotinização com suporte na consciência prática é importante para a teoria da estruturação; a rotina, afirma, "faz parte da continuidade da personalidade do agente, na medida em que percorre os caminhos das atividades cotidianas e das instituições da sociedade"; são os caminhos da contínua reprodução, segundo o autor. Na última década houve uma significativa mudança nas rotinas do cotidiano. O novo perfil do emprego e as novas possibilidades de trabalho mudaram hábitos e comportamentos. O emprego de carreira cedeu lugar ao trabalho de qualificação profissional — a prestação de serviço —, exercido na condição autônoma ou contratante e de consultoria, cuja funcionalidade é alicerçada na titularidade acadêmica, principalmente a pós-graduada. A estruturação da vida individual é produzida por uma nova consciência do ator social, a partir da qual o indivíduo sabe que terá de criar sua própria diferença dentro das oportunidades novas que se abrem continuamente no cenário das relações econômicas e culturais. O novo cenário econômico, de transformações sucessivas e rápidas, já não reproduz tão continuamente as práticas tradicionais da vida social. "A sociedade moderna não é nem holística nem individualista; ela é uma rede de relações de produção e de poder. Ela é também o lugar onde o sujeito aparece, não para fugir das exigências da técnica

[8] Giddens, 1989:48.

e da organização, mas para reivindicar seu direito de ser ator", afirma Touraine.[9] O ator social não é, na sociedade pós-moderna, um individualista, como não é, igualmente, um coletivista. Não é individualista porque sua diferença é introduzida nas redes de produção ou de prestação de serviços, o que irá torná-lo um ator social inserido. Todos, de alguma forma, são individualistas, porém o conceito de individualismo também mudou. Ninguém mais dirige uma empresa como senhor absoluto, como ocorria freqüentemente na era industrial. Mesmo o maior acionista, considerado proprietário, ou ainda uma família, terá de participar dos conselhos de administração, sujeitar-se aos executivos que detêm conhecimento e informação. Não é também coletivista, porque as assembléias coletivas na produção ou organização social desapareceram com a ruptura da continuidade de produção em massa da era industrial e com a ruptura da continuidade ideológica dos modelos de esquerda. Tanto individualistas quanto coletivistas tornar-se-ão atores sociais, ou seja, sujeitos sociais, embora numa visão diferente no que diz respeito aos limites da individualidade e da participação coletiva. Uma empresa pós-moderna é muito mais um coletivo de autônomos, prestadores de serviço e robôs do que de operários.

A sociedade e o indivíduo reproduzem os modelos de riqueza e de pobreza de acordo com o ordenamento social da política. Para fugir da condição de ator no mundo da pobreza, o indivíduo necessita construir sua diferença rompendo com as relações que o sujeitam à rotina da escala social, impositiva à baixa condição de vida como uma continuidade temporal. A ordem política pode estabelecer redes estratégicas de assistência e oportunidades capazes de romper com o dramático ciclo da pobreza. As redes estratégicas não contemplam apenas as organizações econômicas, financeiras e culturais. São também montadas para os fluxos sociais, amparadas em políticas públicas, capazes de dinamizar os fundamentos da elevação social: a educação e a saúde públicas. Contudo, o que quase sempre ocorre é a aplicação de medidas sobre os efeitos e não sobre as causas dos desequilíbrios sociais, assunto que será analisado e aprofundado na parte III deste livro.

[9] Touraine, 1999:277.

CAPÍTULO 10

Os paradigmas da pós-modernidade

AS TECNOLOGIAS MICROELETRÔNICAS, as novas técnicas organizacionais e os novos modelos de gestão moldam a sociedade pós-industrial. As mudanças no aparato tecnológico dos últimos 30 anos, destacadamente a introdução das máquinas microeletrônicas e os sistemas informáticos, puseram fim ao longo período da Revolução Industrial como modelo tradicional de produção de bens. A época pós-industrial não é o fim da industrialização, mas a transformação do processo produtivo por meio de novas tecnologias, técnicas organizacionais e novos métodos de gestão. Tanto as tecnologias quanto os modelos organizacionais e de gestão não se restringiram ao ambiente industrial; bem ao contrário, invadiram a vida social, mudando hábitos e comportamentos. Anteriormente, as tecnologias industriais eram exclusivas e compunham o mundo das fábricas, determinando o nível dos paradigmas da produção, do consumo e das relações de trabalho. As tecnologias atuais, microeletrônicas, e sua máquina mais representativa, o computador, disponibilizam a toda a sociedade o mundo da informática, das redes, do ciberespaço. Não se trata apenas de uma revolução industrial; vai mais além, penetrando fundo na organização das coletividades e dos indivíduos. É essa profunda mudança na economia, na política, na ordem social que justifica a caracterização de pós-modernidade à presente atualidade. No segmento evoluído da sociedade humana tudo mudou, e rapidamente, nas últimas duas décadas. O que permaneceu, e até se acentuou, foi a pobreza, caracterizada pelas desigualdades sociais, nacionais e globais. Mesmo essas, no entanto, já mostram um perfil identificador das novas realidades. A pobreza e todos os tipos de desigualdades que ela representa se incorporaram à globalização das diferenças sociais, diferenças muitas vezes renegadas.

A sociedade pós-moderna está criando uma dicotomia de difícil superação. De um lado, os países produtores de alta tecnologia, com rigorosa observância da produtividade baseada nos parâmetros de eficiência, velocidade e custos. De outro, os países secundários, consumidores e produtores primários. A pós-modernidade, em suas primeiras décadas, é formada por países ou associações de países iluminados pelo avanço do conhecimento, ficando os demais em plano inferior, categorizados por escalas diferenciadas de dependência e desigualdade. De um lado, os que comandam e, de outro, os comandados, ou ainda os que representam centros de poder econômico, político e militar e os múltiplos anônimos da sociedade global considerados apenas nas alianças de conveniência. Os países emergentes permanecerão indefinidamente emergentes da mesma forma que antes, quando eram classificados de países do futuro; na verdade, a periferia capitalista, global ou não, funcionalizou a dependência financeira, científica, tecnológica e cambial. Mesmo tendo em conta os múltiplos espaços da produção global de alta tecnologia, os países secundários continuam fornecedores de produtos primários, embora espacialmente, em lugares-globais, possam se tornar sede da produção avançada. Paradoxalmente, os países da orla capitalista tornam-se o lugar da instalação e produção de alta tecnologia, porém não a detêm para a renovação de suas antigas estruturas. O abismo tecnológico, científico e cultural entre os países principais e os secundários oferece um quadro inusitado. Os dependentes são muitas vezes a sede da geração de alta tecnologia, com seus paradigmas de eficiência, velocidade e custos, porém vivem num processo retardatário de desenvolvimento. Os bens primários — grãos, carne, minérios — já não produzem, na nova realidade, resultados significativos nas balanças comerciais. É preciso agregar um ou mais produtos do conhecimento, da informação, enfim, gerar ciência e tecnologia para competir e, assim, aspirar à passagem de país secundário a principal.

Os paradigmas da produtividade global só poderão ser alcançados pelos países secundários com uma reestruturação profunda de suas ações políticas. Independentemente da questão ideológica, Estados-nações dependentes precisam implementar um consistente plano estratégico de desenvolvimento, no qual as ações políticas estejam centradas na educação. A educação é a base para a formação de recursos humanos qualificados e a força impulsora da elevação cultural. Trata-se, portanto, de amplo programa de aplicação de recursos financeiros substanciais em educação, ciência e tecnologia. Educação, conhecimento e informação são paradigmas nacionais que transcendem os paradigmas das estratégias empresariais. A ruptura com a acomodação global, que segue as diretrizes do FMI e do Banco Mundial, é um imperativo inadiável. O modelo externo terá que ser substituído por programas de longo alcance, visando a produção qualificada, os planos de desenvolvimento integrado — econômico/social/cultural — e um direcionamento especial para a elevação do capital nacional. Porter chama a atenção para o fato de as estratégias de desenvolvimento baseadas nas multinacionais estrangeiras criarem impasses ao estabelecimento de uma base nacional para a indústria. E lembra que as multinacionais podem mudar de localização quando os fatores e os salários representarem custos elevados. Essa mobilidade pode ser interna, como vem ocorrendo no Brasil com as montadoras de automotores, particularmente, ou externa, como ocorreu na Coréia do Sul com o mesmo setor, além de outros ligados às grandes corporações multinacionais. Essa mobilidade gerou crises financeiras seqüenciadas por graves conflitos sociais. A crise do México, a crise dos "tigres asiáticos", a crise da Rússia, a crise do Brasil e a grave crise da Argentina dimensionaram bem a instabilidade dos países dependentes, sujeitos à violenta especulação externa e à mobilidade do capital internacional, quer na forma de ativos industriais, comerciais e de serviços, quer como capital financeiro rotativo das bolsas.

A produtividade baseada em empresas e iniciativas públicas nacionais é o principal determinante do desenvolvimento interno, base fundamental para a qualidade de vida da população. A alta produtividade, em posição significativa na escala de valor produzido por unidade de capital e trabalho, é a condição essencial para o fortalecimento da base econômica e social. Essa condição garante poder e resistência nacionais para o enfrentamento dos interesses especulativos externos. Se a produtividade nacional incorporar permanentemente as inovações tecnológicas, as de gestão e os paradigmas de eficiência, velocidade e custos, o resultado será uma economia forte e uma moeda também forte. As desvalorizações cambiais nos países dependentes mostram a fragilidade das economias nacionais e as profundas desigualdades nos padrões do comércio global.

A moeda, na verdade, é a grande vedete deste início de século. A moeda forte, isoladamente, ou a soma de várias moedas fortes, valorizadas pela união de economias fortes, se contrapõe à moeda fraca, desvalorizada, surfando nos altos e baixos das economias dependentes. O euro culminou mais de 30 anos de negociações até se estabelecer um acordo multilateral envolvendo economias fortes em diversos níveis e a inclusão de outras não tão fortes. Mesmo sem a participação da Inglaterra e da Suécia, de início, na união monetária, o euro está respaldado por uma produção multinacional de grande porte, por uma base cultural, científica e tecnológica de ponta. A União Européia constitui hoje uma poderosa força institucional que incorpora as conquistas mais importantes da economia, da condição social, do poder político e do poder militar. O euro é a expressão mais elaborada desse conjunto de variáveis que se impõe às sociedades pós-modernas. A União Européia foi o primeiro grande passo para as uniões macrorregionais, nas quais os interesses de cada participante são respeitados, o que favorece o desenvolvimento sem dependências e sem perda de soberania. Isoladamente, as grandes economias européias não teriam condições de enfrentar a concorrência global, particularmente o poder dos Estados Unidos, que além de contar com a riqueza de sua própria produção, incorpora a ampla área de domínio representada pela América Latina. O euro passa a ser a imagem de um novo poder, dominando uma parte considerável das vontades política, econômica e militar no mundo global. A produtividade nacional é condição básica para garantir a estabilidade econômica, monetária, social e política de cada membro e da União Européia no conjunto. Todo esforço será dos Estados-membros, no sentido de garantirem uma produtividade suficiente para a estabilidade cambial, evitando a prática de políticas compensatórias dos países menos desenvolvidos. A unificação monetária elimina a possibilidade do recurso à desvalorização das moedas nacionais com o objetivo de assegurar uma participação justa na competição dos mercados.

Do outro lado do espelho global aparecem as moedas pobres, desvalorizadas e enfraquecidas pelo processo de dependência, principalmente a dependência financeira. A dialética global abriu fogo contra a representação de valor de qualquer moeda secundária. O real tem passado por essa experiência, flutuando ao sabor dos interesses na desvalorização, internos e externos; da mesma forma o peso argentino, vítima da fúria monetarista à desvalorização. A desvalorização das moedas nacionais ou a quebra das paridades cambiais está longe de solucionar os problemas das relações comerciais no âmbito da economia global. Confunde-se, por conveniência ou ingenuidade, os três ases da economia atual — produtividade, inovação e eficiência — com os conceitos financeiros de paridade, flutuação e duplicidade cambiais; esses são inserções financeiras, quase sempre desastradas e especulativas, nas economias fracas, e sem respaldo na produtividade nacional.

A crise da Argentina em 2002 não foi apenas resultado da paridade cambial peso-dólar, mas conseqüência do modelo imposto ao país, principalmente a partir do momento da abertura indiscriminada aos interesses externos, da privatização de quase todo o patrimônio de Estado, da perda dos controles internos de sua economia, da dependência aos chamados "investidores externos" e, é claro, da má conduta política interna. O Estado argentino ficou vulnerável com a economia desnacionalizada, o contrato social rompido e posto no lixo global; uma realidade que o Brasil não desconhece. O peso e o real têm sido usados como estratégias simples e eficientes para dobrar, triplicar, ou mais, as dívidas externas e manipular taxas de juros, sempre favoráveis às vantagens especulativas dos credores internacionais.

Nenhuma economia será forte sem uma moeda forte; a moeda forte representa uma economia nacional forte, ou a união de economias nacionais fortes. O euro é o mais novo exemplo dessa realidade global. Economia nacional fraca, moeda fraca e poder político fraco criam o ambiente adequado às desvantagens globais que dominam os países do capitalismo periférico.

Os paradigmas da pós-modernidade, quando aplicados no âmbito das empresas, como é natural, visam acima de qualquer outra consideração a lucratividade. Quando, porém, aplicados às organizações políticas de Estado e a suas ações, produzem resultados sociais que se traduzem em qualidade de vida. A produtividade das empresas nacionais, complementada por empresas multinacionais em setores de alta especialização, e a presença de um organismo político de Estado desburocratizado, eficiente e ágil podem transformar as desvantagens globais em sistemas de trocas compensatórias. A presença do Estado é fundamental para garantir a eqüidade que deve existir entre os interesses das empresas privadas e o interesse social. Assim, o Estado pós-moderno deve assumir um indiscutível poder regulador dos interesses privados e públicos, mas não com as estruturas pesadas, burocráticas, normativas e corporativas do passado industrial e agrário. O Estado pós-moderno, racionalidade pós-burocrática, terá que ser forte, com eficiência, velocidade e baixos custos. Não se trata de um Estado mínimo ou máximo, mas de um Estado competente e qualificado ao desempenho de funcionalidades condizentes com a época dos paradigmas de produtividade, inovação e eficácia.

Pode-se referenciar vários paradigmas para identificar as ações centradas em atributos das atividades econômicas, sociais e culturais. No caso dos países, a produtividade nacional é fundamental para os mercados interno e externo. Dela deriva a condição social, o processo de qualificação de vida e o desenvolvimento cultural. Os paradigmas básicos à produtividade nacional — mudança, inovação, comportamento — devem ser objeto de estratégias nacionais de desenvolvimento. Esses paradigmas só terão eficácia se desenvolvidos internamente, em programas de ciência e tecnologia, de acordo com cada realidade nacional. Os padrões paradigmáticos importados podem se transformar em fatores de produtividade para determinados setores nacionais; no caso trata-se da implementação de atividades nacionais por empresas multinacionais. Por outro lado, as adaptações tecnológicas e de gestão para se obter uma alta produtividade nacional não têm produzido resultados satisfatórios por duas razões: a) em certas atividades há uma distância muito grande entre as práticas tradicionais e a alta tecnologia a ser empregada; b) há carência de formação profissional para garantir a aplicação e a expansão de novas tecnologias. Do ponto de vista nacional, a produtividade precisa ser estimulada em todos os setores de atividade, principalmente nos ambientes produtivos rurais e industriais. Quando a produtividade assume condição estratégica para o desenvolvimento nacional ela se torna um determinante do processo de inovação tecnológica e de gerenciamento. A presença do Estado passa a ser, então, fundamental, pois é ela, com o poder de elaborar planos, políticas e estratégias, que determina e impulsiona a escala da produtividade. O Estado que prioriza a inovação, o conhecimento e a qualidade do desempenho fortalece o sistema produtivo e dele tira os meios para os investimentos sociais. A racionalização é um paradigma essencial na tipologia do Estado. Racionalizar significa obter o máximo rendimento dos recursos com o objetivo de alcançar os fins, disponibilizando o mínimo de ações intermediárias, burocráticas e normativas, que expandem os custos nas atividades de apoio. As tecnologias de ponta, o uso da informática e a qualidade da informação são pré-requisitos básicos para se obter, na sociedade pós-moderna, um elevado grau de produtividade. No contexto da produtividade nacional se inserem as atividades econômicas internas, como base de sustentação do Estado-nação, complementadas pela presença da empresa global em setores específicos.

As empresas, públicas e privadas, desenvolvem suas próprias estratégias em ambientes globais de alta competição. Para alcançar os resultados esperados é necessário desenvolver programas de inovação estrutural e organizacional capazes de produzir flexibilidade operacional, agilidade e redução de custos. A competição e a lucratividade decorrente só poderão ser alcançadas na economia global se a produção for alicerçada em parâmetros de eficiência, velocidade e custos. A eficiência garante o produto de qualidade, a velocidade permite atender ao mercado de acordo com os padrões de demanda e os custos representam uma variável básica para a competição nas diferentes escalas do consumo. À medida que se amplia a participação das empresas nos mercados globais, a competição se torna crucial em termos de qualidade e preço. É preciso ter um bom produto, ter agilidade para colocá-lo no mercado e, principalmente, ter um preço competitivo.

Os paradigmas produtividade e racionalidade representam um impulso à eficiência. A sociedade pós-industrial introduziu profundas modificações na gestão das organizações. As estruturas rígidas, compartimentadas e verticais, dominadas pela normalização burocrática, cedem lugar a novas formas de gestão baseadas na flexibilidade, na versatilidade e na horizontalidade das informações e decisões. O sistema administrativo piramidal, hierarquicamente concentrado, não favorece a redistribuição das lideranças num sistema de autonomia instituída. As técnicas de comunicação e a transmissão das informações impõem estruturas mais simples, leves e ágeis, a fim de produzir impulsos para a eficiência. As estruturas organizacionais na era industrial, referidas como padrão empresarial tanto para o setor privado quanto, especialmente, para o setor público, produziram sistemas piramidais altamente complexos e burocratizados. A centralização do poder criou um sistema de fluxos excessivamente vertical, tornando a gestão lenta e de baixa energia. A nova sociedade informacional rompeu com o modelo burocrático, centralizador e vertical. A partir de novos conceitos de estruturação organizacional e de movimentação de fluxos, introduzindo e relacionando tecnologia e comportamento, foi possível criar nas organizações sistemas baseados na rapidez e na eficiência. Essa já é uma realidade na estrutura das novas unidades produtivas pós-industriais e confirma a fórmula de Naisbitt (1983), que combina alta tecnologia e alta sensitividade. Savoia[10] coloca bem a presente realidade industrial: "na nova economia o lugar da produção não é mais o espaço físico real da cadeia de montagem e das instalações centralizadas, mas o espaço ideal e conceptual ligado à eletrônica".

[10] Savoia, 1999:362.

A gestão de alta energia, de grande fluidez decisória, comandada por impulsos de eficiência só pode se tornar realidade se dispuser de uma estrutura organizacional adequada. Na verdade, a gestão de alta energia é uma formulação teórica que alcançará a prática no contexto de nova estrutura organizacional. Em seu sentido mais amplo, a gestão de alta energia é o produto da capacidade institucional de mudança, sustentada pelo potencial crítico no mundo interior das organizações. Há sempre uma forte resistência à inovação, o que exige, no ideário das mudanças institucionais, uma poderosa capacidade dialética de convencimento.

Os órgãos públicos, e entre eles as universidades federais, se incluem entre os modelos organizacionais mais desatualizados em relação às altas tecnologias de gestão. São modelos ainda impregnados pela prática do processo de papel na pirâmide burocrática. O contraditório, pós-moderno, é a gestão digital, que exalta valores novos e assegura um amplo padrão de autonomia. Essa libera a excessiva dependência institucional, elimina as uniformidades de procedimentos e estabelece novos sistemas de valores e imagens, que configuram o novo espectro de responsabilidade. O compromisso com a mudança e a inovação deve dominar o conflito interno das organizações, particularmente as públicas, e nominalmente as universitárias. O impulso à eficiência e à qualidade estabelece o tempo da atualidade.

A presente atualidade elegeu os novos paradigmas que identificam e definem as transformações do tempo conceitual da pós-modernidade. Há variantes econômicas, sociais e culturais, nas quais os paradigmas da inovação tecnológica e de gestão, da informação, da eficiência, da agilidade e dos custos são determinantes à condição hegemônica ou dependente a múltiplas nacionalidades.

CAPÍTULO 11

As transnacionalidades: hegemonia e dependência

NA PÓS-MODERNIDADE, os Estados nacionais podem ser categorizados segundo determinadas variantes econômicas, financeiras e tecnológicas. A categorização hegemônica representa países de economia forte, com alto grau de inovação tecnológica e de gestão; a categorização dependente é representada pelos países capitalistas periféricos, de condição econômica secundária e com alta sujeição a capitais externos. Essa categorização, a partir da variante econômica, dita os níveis das condições social e cultural. Os paradigmas sociais e culturais têm uma escala de identidade que acompanha as desigualdades produzidas pelo ordenamento da sociedade.

O poder de cada Estado nacional se impõe nas relações globais. Trata-se de um poder fundamentado no desenvolvimento econômico, no amplo espectro da produtividade nacional e no peso que essa tem no sistema de trocas. O produto nacional só tem, na sociedade pós-moderna, alta significação global se contar com componentes do conhecimento e da informação. Os países dependentes e secundários da orla capitalista global continuam sendo exportadores de produtos primários e sujeitos a pautas de negociação muitas vezes restritivas, com reflexos no balanço de pagamentos. A condição favorável às exportações está mais diretamente ligada à flutuação cambial do que à produtividade nacional. O item tecnologia é fundamental para se alcançar uma situação superavitária na relação exportação/importação.

O conhecimento e a alta tecnologia pesam decisivamente no fortalecimento do poder nacional, permitindo aos países participar como atores principais e não apenas como coadjuvantes na transnacionalidade da economia global. O que se pontua na atualidade, e de maneira irretorquível, é o desequilíbrio estrutural e organizacional entre as economias dos países hegemônicos e dependentes. Os países fortes são exportadores de produtos e insumos de tecnologia de ponta e conhecimento científico. Esses produtos e insumos da alta tecnologia entram nos países dependentes para consumo e não para reproduzir, no mesmo nível de evolução, novas tecnologias e novos conhecimentos. Não há base nacional para produzir ou reproduzir a inovação tecnológica e científica. Essa condição estrutural conduz a formas econômicas e organizacionais de extrema dependência. É natural que os países periféricos e dependentes se tornem os principais impulsores do desenvolvimento dos países principais. Não se trata de um fenômeno novo; na verdade, sempre foi assim, desde os tempos coloniais, e igualmente durante a fase do imperialismo econômico. O que efetivamente mudou na presente atualidade foram os objetos da nova relação, agora representados pelos paradigmas da tecnologia, da informação e do conhecimento científico. As alianças, uniões e integrações ganham força e já se apresentam como uma nova tendência, principalmente pelo exemplo do poderoso acordo de livre comércio da América do Norte, o Nafta, e o da União Européia. Os países fortes, portanto, tornam-se mais fortes ainda, enquanto os demais lutam para manter suas tentativas de acordos multilaterais, dificultados pelos graves problemas cambiais e de tarifas entre eles e a concorrência com os gigantes da economia global.

A organização de poderosas formas de integração multinacional configura um caráter regional à economia global, além de institucionalizar a formação de verdadeiros Estados-regiões. Há vários formatos regionais de integração, como o Mercosul, o Pacto Andino, o Nafta (Acordo de Livre Comércio da América do Norte), a Asean (Associação das Nações do Sudeste Asiático), a Apec (Cooperação Econômica da Ásia e do Pacífico), a UE (União Européia), entre outros. O poder regional de cada um deles está diretamente vinculado ao poder econômico dos membros componentes. Assim, o Nafta, por exemplo, é liderado pelos Estados Unidos, o que equivale a um extraordinário poder de dominação e influência sobre os demais blocos regionais. A União Européia é um organismo político e econômico singular, pois abriga algumas das maiores potências mundiais, tem parlamento próprio e uma moeda forte comum. O poder intra e interblocos passa a ser compartilhado segundo os parâmetros econômicos, sociais e culturais que criam situações de poder.

O exercício do poder dentro dos blocos, e entre eles, é compartilhado também por organizações multinacionais temáticas, o que diminui, em algumas demandas, a ação direta entre países. A Opep, o G-7, a OCDE, a OMC, o Banco Mundial e o FMI falam ainda, em determinadas circunstâncias, mais alto. Mesmo assim, a influência dos grandes blocos torna-se cada vez maior, o que significa o enfraquecimento dos blocos menores, como o Mercosul e o Pacto Andino. Com a introdução da Alca (Área de Livre Comércio das Américas), as relações de comércio e investimentos nas três Américas continuarão firmemente favoráveis aos EUA. Por outro lado, consolidando a Alca, os Estados Unidos terão maior poder de negociação com os outros blocos, principalmente a UE e a Asean. Assim, o poder e as influências de poder na economia global partirão, seguramente, de três grandes blocos: Alca, UE e Asean. A Alca e a Asean poderão se tornar no futuro dois grandes Estados-regiões, a exemplo da UE, com parlamentos próprios, moedas comuns e total domínio sobre a economia global. A partir dos três grandes eixos de força da economia global, formar-se-ão eixos menores e vinculados pela multipolaridade econômica.

Essas mudanças nas relações econômicas internacionais implicarão, seguramente, perda significativa de soberania para os países secundários e um aprofundamento na condição de dependência. A União Européia concentrará um poder relativamente bem distribuído entre seus membros. A Alca, contudo, manterá e reforçará, sem dúvida, a hegemonia dos Estados Unidos. O mais problemático dos possíveis Estados-regiões será o da Ásia e Pacífico, talvez em torno da Asean ou da Apec, pois depende de complexas relações regionais, onde despontam dois gigantes: a China e o Japão. A Asean conta com mais de 20 países associados e a recente inclusão do Japão é um indicativo de que se tornará, quando da inclusão da Índia e da China, o terceiro grande bloco a se constituir em Estado-região.

As imensas dificuldades enfrentadas pelos países da orla capitalista global mostram claramente os desequilíbrios provocados pela transnacionalidade do poder econômico e financeiro no mundo global. A imposição de uma abertura econômica sem limites, a privatização das empresas públicas estratégicas, a política de empréstimos externos e o jogo financeiro dos investidores globais agravaram consideravelmente a dependência e com ela cresceu o grau de interferência externa no comando econômico interno. Os países secundários estão se tornando Estados sem patrimônio, com conseqüente perda dos controles internos. Sair da camisa-de-força da dependência na atual modelagem da economia global é uma tarefa quase impossível. Em crises agudas como a que atingiu a Argentina em 2001 o quadro não foi nada animador. Não havendo meios de atender aos compromissos com a dívida externa, de evitar o colapso financeiro interno e de estancar a decadência social, o caos econômico e político se instalou. A moratória forçou o FMI e outros organismos credores a transferirem pagamentos imediatos para prazos mais longos. O governo argentino, após a grave perturbação institucional, reviu sua política de endividamento, voltou-se para o mercado interno e implementou programas de fortalecimento da indústria nacional. O resultado foi o início de recuperação da economia interna. Dois anos mais tarde, em 2003, o crescimento econômico alcançou 5% do PIB. No mesmo ano, e sob forte dependência externa, o Brasil registrou crescimento praticamente zero (0,2%). Na verdade, como acentua Chossudovsky,[11] "o movimento da economia global é regulado por um processo de cobrança de dívida em âmbito mundial, que sufoca as instituições do Estado nacional e contribui para eliminar empregos e reduzir a atividade econômica". Essa é uma realidade global difícil de superar no atual contexto das relações econômicas, financeiras e políticas. Contudo, há alternativas, exemplificadas nas estratégias adotadas por Malásia, Chile e Argentina.

Para os países dependentes, e que se acomodam na dependência, não há, em horizonte próximo, poder de recuperação. Com perdas na base industrial própria, com a produção agropecuária enfrentando radicalismo em relação aos avanços da biotecnologia e com o comércio prejudicado pela queda na qualidade de vida da população, os países se tornam sensíveis ao populismo e à farsa política, que degeneram as instituições nacionais. Mesmo em países com grande potencial de riquezas, as dificuldades de superação do quadro de dependência serão enormes. Sem seus principais ativos industriais privados — e públicos, na área de infra-estrutura —, sem um programa tecnológico de ponta e sem um projeto próprio de desenvolvimento nacional, o esforço para sair da dependência será apenas retórico. Mesmo em países com elevada carga tributária geradora de grande superávit primário, a exemplo do Brasil, a receita estará quase que totalmente absorvida pelo pagamento dos juros de uma dívida de cerca de 60% do PIB. Não há expectativa de receita que suporte tal grau de endividamento e comprometimento de receitas. No plano interno, abusa-se do lançamen-

[11] Chossudovsky, 1999:11.

to de novos títulos, de rica nomenclatura, a juros altos, referenciados em dólar, garantindo, assim, a rolagem permanente de parcelas da dívida. O efeito cumulativo é desastroso. No plano externo, os compromissos da dívida são financiados, o que provoca um efeito cumulativo no total, além dos acréscimos pela elevação dos próprios juros e das taxas de risco. Trata-se de um sistema em círculo, do qual dificilmente os países dependentes têm condições de escape. A situação torna-se mais grave pela presença de investimentos de curto prazo nas bolsas, que são contabilizados como entrada de capital estrangeiro, aumentando efemeramente o volume de dólares nas reservas cambiais. Mas assim como entram rapidamente, também saem, deixando para trás crises cambiais de vulto. Para manter os fluxos de entrada, o Brasil e outros países latino-americanos se vêem forçados a oferecer taxas de juros elevadas, o que, aliado à desvalorização das moedas, ocasiona uma violenta elevação no montante das dívidas. O câmbio flutuante interessa, e muito, aos especuladores externos no jogo financeiro global. A desvalorização das moedas nacionais pouco incrementou as exportações; as variáveis que condicionam os níveis de exportação não dependem apenas de condições cambiais, como já foi assinalado. As variações cambiais de pequena monta são favoráveis ao ajustamento dos preços internacionais, mas as oscilações maiores correm apenas por conta dos interesses especulativos.

Diante de tais condicionamentos, pode-se estabelecer, como formulação teórica, uma relação entre o tempo do endividamento externo e o tempo necessário à capacidade nacional de formar reservas em moedas fortes para o resgate fragmentado das dívidas. Quando o processo de endividamento passa a financiar o próprio endividamento tem-se um efeito cumulativo. Isso significa que a capacidade de acumular reservas em moeda forte para resgate da dívida tornou-se insuficiente. As variáveis taxas de juros e taxas de risco crescem exponencialmente, tornando a capacidade de resgate das dívidas, e até de novos empréstimos, inelástica. Assim, pode-se questionar em que quantidade e em que tempo os países com processo de endividamento cumulativo poderão resistir ao peso da dívida e aos ataques especulativos. Numa dinâmica lenta de endividamento, de longo prazo, o processo cumulativo das dívidas cresce progressivamente; ao contrário, quando a dinâmica é acelerada, de curto prazo, em regime de acentuadas flutuações cambiais e altas taxas de juros, como na atualidade dos países dependentes, o crescimento da dívida se processa em saltos. A situação aguda do endividamento ocorre quando o serviço da dívida exige, a prazos cada vez mais curtos e juros e taxas cada vez mais altos, novos empréstimos de cobertura. A quebra se dá, como ocorreu na Argentina em 2002, quando a capacidade de pagamento é negativa, levando as estruturas econômicas e financeiras a não responderem mais à ordem política e jurídica. Tudo desmorona em convulsão social e pressões externas. Não há, então, como escapar de duas alternativas: submeter-se a comandos externos que irão seguramente saquear os espólios nacionais, ou reordenar a política econômica interna. A formulação teórica para a relação grau de endividamento/capacidade de resgate/tempo pode assim ser enunciada:

> Quanto maior o grau de endividamento, menores os prazos de resgate, maiores as taxas de juros e de risco; a capacidade de responder aos compromissos da dívida será cada vez menor, o que, por sua vez, exigirá a ampliação da faixa do superávit primário. Quando o volume da dívida e os limites da capacidade de pagamento se igualam no tempo projetam uma linearidade, de movimento zero; o sistema atinge seu ponto de saturação e logo se desequilibra numa projeção negativa: é a quebra e, com ela, a moratória e o caos social.

As transnacionalidades hegemônicas, no atual contexto econômico global, não abrirão mão de suas vantagens comerciais e financeiras. O mundo dos negócios globais não comporta generosidades entre empresas e nações. É preciso ser forte e ter competência para manter-se equilibrado nas disputas de mercado. Isso vale para empresas e para nações. Empresas fracas serão absorvidas ou irão à falência; Estados fracos tornar-se-ão presas fáceis de contextos de dependência. As transnacionalidades secundárias, dependentes, vivem um dilema: permanecendo acomodadas enfrentarão, mais cedo ou tarde, o ponto de saturação do endividamento; reagindo, se confrontarão com o poder das transnacionalidades principais. O caminho menos traumático é o da substituição gradativa do modelo de dependência, ou seja, a dependência excessiva de recursos externos pelo modelo priorizado em projetos de desenvolvimento com grandes investimentos públicos, financiados com a maior parte do superávit primário. O tempo distanciou-nos dos grandes projetos de desenvolvimento: Getúlio Vargas — infra-estrutura energética e siderurgia; Juscelino Kubitschek — plano de metas; Ciclo militar — planos estratégicos de desenvolvimento; após, a desnacionalização, a perda de controles internos e o enfraquecimento da soberania. A economia global não pode ser considerada um projeto de desenvolvimento, pois está baseada em estratégias empresariais para dominar os mercados e garantir a máxima lucratividade. Para promover o desenvolvimento econômico, social e cultural é necessário ter um plano estratégico no qual as metas mais importantes serão: educação, investimentos em ciência e tecnologia, apoio às atividades econômicas nacionais e expansão da infra-estrutura energética e de transporte.

Nas últimas décadas, sob forte pressão da poderosa dialética neoliberal, os países da orla capitalista abandonaram seus projetos de desenvolvimento, seus investimentos prioritários em educação e expansão da infra-estrutura energética, de telecomunicações e de transporte em favor da abertura econômica plena. Essa postura política produziu em uma década, a partir de 1990, resultados desastrosos. Houve significativa perda dos controles internos, fato que repercutiu como enfraquecimento de alguns pressupostos da soberania nacional. O resultado social mais imediato e visível foi o processo de decadência da qualidade de vida, os sérios problemas na área da educação e da saúde e as graves distorções na infra-estrutura básica. O que foi vendido — transferência de ativos nacionais para o domínio do capital internacional — não foi o que estava para ser feito, mas, paradoxalmente, o que estava feito e, em muitos casos, bem feito. As melhores empresas estatais, modernas e lucrativas, símbolos do desenvolvimento nacional e pontos de apoio a novos investimentos setoriais, foram inconseqüentemente privatizadas. No setor energético, por exemplo, foram vendidas as melhores usinas de geração de energia e não os espaços para novas hidroelétricas, termoelétricas e redes de transmissão. O resultado foi a necessidade de racionamento de energia (2001) num país de grande potencial energético. Atualmente, os setores básicos e estratégicos para o desenvolvimento nacional são comandados do exterior, com interesses centrados na lucratividade do capital internacional. As ordens de prioridades na expansão dos sistemas de infra-estrutura não obedecem, é claro, as prioridades nacionais. Portanto, o cenário dos investimentos externos é de estratégias de mercado global e não de desenvolvimento nacional. A dependência e a conseqüente condição secundária para os países da orla do capitalismo hegemônico estão bem configuradas no cenário global da economia.

Parte III

A Pós-modernidade e a Condição Humana

CAPÍTULO 12

As desigualdades chocantes: a reprodução da pobreza e da miséria

SE A PÓS-MODERNIDADE, de um lado, enriquece a humanidade com novas conquistas no campo das técnicas, da elevação cultural, do domínio do conhecimento, dos padrões de conforto para uma parcela da população mundial, de outro, assiste a um dos mais trágicos quadros de pobreza, miséria absoluta, prepotência e dominação sem paralelo histórico. Estimativas confiáveis indicam a pobreza e a fome como condição de vida para grande parte da humanidade, na verdade, um terço do efetivo humano no planeta, o que corresponde a mais de 2 bilhões de pessoas. Resguardadas as diferentes realidades continentais, imensas populações marginalizadas da ordem social estabelecida compõem um cenário de carências, em maior ou menor grau, mas todas vivendo bem abaixo de padrões aceitáveis e que configuram, na realidade, existências nas quais as liberdades substantivas se quedam irremediavelmente prejudicadas. Há, sem dúvida, em muitas realidades da baixa condição de vida, uma pobreza hereditária, um círculo de necessidades básicas não atendidas e de difícil rompimento. É uma seqüência trágica de reprodução da pobreza, marcada indelevelmente pela falta de cultura, de planejamento familiar e de justa organização social. São realidades que distanciam sucessivas gerações da possibilidade de usufruírem das mesmas oportunidades oferecidas aos segmentos mais beneficiados da ordem social. Sociedade justa é a que proporciona iguais oportunidades a todos para que, a partir delas, cada um possa construir sua diferença.

O mundo da pobreza e da fome inquieta o mundo da riqueza e do brilho da inteligência. Ambos convivem num planeta tumultuado por disputas políticas, conflitos étnicos e diferentes ideologias de desenvolvimento. O grande questionamento que se impõe na presente atualidade é se a organização da sociedade, baseada no sistema produtivo e de comercialização capitalista, tem ou não capacidade e/ou motivação para buscar soluções viáveis para os problemas sociais de hoje. Tais problemas, em síntese, não se contraporiam à objetivação máxima do sistema capitalista, que é a lucratividade? O capitalismo em si não é um sistema social; o mote da ação é a lucratividade e a partir dele se ergue uma condição social em vários níveis, privilegiando, o que não é ilegítimo, os empreendedores. Mas o capitalismo representa, na verdade, a capacidade empreendedora do ser humano, aspiração de crescimento material e intelectual. A palavra capitalismo, na presente atualidade, já não tem o mesmo sentido que lhe era atribuído na modernidade industrial. Da mesma forma que os termos proletariado e operariado perderam rapidamente seus sentidos originais, também a palavra capitalismo começa a perder a identificação de categoria social no sistema econômico. O sistema econômico global é o sistema que gera supremacia, poder, dominação, porém, cada vez mais, sem a personalização que identificava o capitalismo, e o capitalista, até recentemente. Empreendedores, investidores e produtores, em diversos níveis hierárquicos, criam as organizações de produção, comercialização e de serviços representativas da iniciativa e da competência individual ou coletiva.

Há, indubitavelmente, uma transição de formas, conceitos e paradigmas em relação à riqueza gerada e a sua distribuição. A riqueza tem que ser produzida como atividade de todos, cada um contribuindo com sua parte e de acordo com sua formação. Não é necessário ser capitalista no sentido antigo para ser empreendedor no novo sentido. O que hoje faz a diferença, e fará com mais intensidade no futuro, é o capital intelectual, o capital conhecimento, formação especializada e iniciativa. Em relação à distribuição da riqueza, ela só será alcançada em níveis satisfatórios se forem intensificados os investimentos públicos em educação, em planejamento familiar, em saúde pública e em apoio às iniciativas.

Se a pobreza é uma iniquidade social, a fome o é com muito mais razão ainda. A fome, nos níveis dramáticos da atualidade, é o fracasso da capacidade humana de organizar e planejar a sociedade de forma a garantir a todos, independentemente da condição étnica e de outras diferenças, uma existência compatível com a racionalidade superior da espécie. Ao longo dos últimos 10 mil anos, a espécie humana evoluiu mais pelos conflitos, pelos genocídios e pelas desigualdades do que propriamente pela incorporação do homem a uma sociedade justa e equilibrada. No início do século XXI, a humanidade vive o aprofundamento das desigualdades sociais. Nos dois últimos séculos, muito pouco mudou para os grandes contingentes populacionais da África negra, da América Latina e da Ásia. Sob certos aspectos, até piorou com a queda do padrão de vida da classe média, em nítido processo de decadência social em países secundários. A fome, o atraso cultural, a pobreza generalizada e, em muitos casos, a miséria absoluta não condizem com a capacidade técnica criada ao longo dos milênios para produzir alimentos. O grande problema da atualidade não está na produção. As técnicas atuais e as fronteiras agrícolas ainda disponíveis poderão garantir alimentos à população mundial já em fase de crescimento desacelerado. É verdade que o efetivo humano atingiu um número elevado para as condições naturais do planeta; contudo, ainda assim, a possibilidade de alimentar e garantir um padrão existencial digno a todos não se esgotou. Entre as variáveis que respondem pelas desigualdades sociais, pode-se considerar algumas de alta relevância: o sistema econômico, a dominação dos mercados, a concentração da riqueza, o atraso cultural, a reprodução humana e a sociedade da competição.

O sistema econômico, produtor de uma infinidade de bens essenciais e supérfluos, não é movido por ações sociais. Bem ao contrário, o que está em jogo no sistema é a lucratividade. Para os empreendedores o lucro é o mote principal da atividade econômica. As relações de produção e comercialização são eminentemente econômicas, portanto indissociáveis do objetivo final, que é obter lucro. Não há, verdadeiramente, uma dualidade econômico-social nas atividades do sistema capitalista. A questão social, no âmbito do sistema econômico global, é apenas indireta, ou seja, o poder público que estimula a atividade produtiva retira-lhe parte dos lucros sob a forma de tributos e os aplica em programas sociais. A lógica econômica é estabelecida em estratégias de resultados — de lucratividade —, o que torna o sistema pouco sensível à questão social. A doutrina liberal deu sustentação ideológica ao capitalismo e tornou-se a vanguarda intelectual do individualismo, consagrando a iniciativa privada, individual ou associada como representativa de um estilo de democracia. A ampla liberdade de ação do indivíduo ao construir sua própria diferença pela atividade econômica foi vinculada à liberdade política e a sua renovada representatividade. A liberdade de construir um negócio próprio e dele obter lucro, a liberdade de manifestação política e a liberdade de pensamento formaram o tripé sobre o qual sempre se sustentou a democracia liberal capitalista. O que transparece rapidamente dessa análise é que o sistema é todo ele estruturado, organizado e dinamizado a partir das individualidades. Assim, a renda da atividade econômica não tem caráter social coletivo, bem ao contrário. O pressuposto mais importante é gerar lucros para uma destinação individual que alimenta uma condição social também individual. A partir de determinada escala de negócios, a renda vai-se concentrando cada vez mais, atingindo níveis extremos em atividades como as do setor financeiro e das grandes corporações multinacionais.

Nos últimos anos multiplicaram-se as megafusões de empresas já gigantes, o que tornou o processo de concentração de renda a mais grave distorção do sistema capitalista. Segundo dados da ONU, na última década do século XX a renda de pouco mais de 350 multimilionários correspondia à soma das rendas de cerca de 2,3 bilhões das pessoas mais pobres, o que representa cerca de 45% da população mundial. É impossível dissociar desses e de outros dados relativos à concentração da renda e à dimensão da pobreza a característica individualista do capitalismo. Os enormes lucros do sistema financeiro num país de extremas desigualdades sociais como o Brasil dão uma idéia da má distribuição da renda interna. O sistema bancário privado não é grande fonte de recursos tributários, não distribui parte significativa dos resultados entre os funcionários e não promove ações sociais. É, verdadeiramente, um reduto de alta concentração de renda, criada principalmente pelas abusivas taxas de juros e de serviços.

No Brasil, de acentuado desnível social, cerca de 34% da população vivem em estado de pobreza, o que corresponde a mais de 60 milhões de pessoas.[12] Como o Brasil é um país de população jovem, não surpreende que cerca de 45% da pobreza nacional atinjam a faixa de até 15 anos e 17%, a faixa de 16 a 25 anos.[13] Essa condição de juventude da população brasileira é, paradoxalmente, um dado favorável, pois permite que com programas de planejamento familiar e educação o quadro de desequilíbrio social possa ser progressivamente reduzido.

O atraso cultural e a reprodução humana são indubitavelmente duas variáveis importantes na condição humana da pobreza. A humanidade, constituída de mais de 6 bilhões de pessoas, é extrema e amplamente de-

---

[12] Dados do Ipea/Pnud para 1999.

[13] Dados da FGV para 2001.

sigual do ponto de vista cultural. Na mesma contemporaneidade coexistem culturas altamente diferenciadas, tanto nas conquistas mais brilhantes da inteligência, quanto na prática de tradições milenares, associadas quase sempre a comportamentos ritualísticos de caráter religioso. A cultura do conhecimento, da ciência e das técnicas é privilégio de uma pequena parcela da humanidade. A formação cultural é um processo de libertação de todos os condicionamentos que prendem a mente humana ao passado, à religião e às ações políticas. A cultura não é um processo isolado no interior de cada civilização. Depende claramente da evolução e da aceitação das idéias que rompem os condicionamentos impostos à sociedade pelas tradições, pelas religiões e pela dominação política. Cada ciclo civilizador retarda ou acelera o processo cultural. O poder da tradição e da religião pode retardar por séculos ou até milênios o desenvolvimento das idéias, das artes, dos costumes, da ciência e da tecnologia. Em outras circunstâncias, o isolamento geográfico e, quando rompido, a dominação, a destruição e a exploração econômica impediram a evolução natural de ciclos civilizadores fora dos padrões dominantes. Algumas civilizações se perpetuaram no atraso cultural, ainda que grupos politicamente dominantes mantenham contato e obtenham vantagens com os segmentos mais avançados da sociedade humana. O tempo da cultura é uma variável importante, pois envolve um contexto altamente complexo para os parâmetros que indicam um processo evolutivo ou retardatário para as formas societárias. A Idade Média, dominada pela cultura dos condicionamentos religiosos, retardou a evolução das idéias por longos quatro séculos na Europa ocidental. Rompido o condicionamento religioso, a evolução da cultura avançou com o Renascimento e a nova ordem econômica.

O contexto da África negra é o de uma cultura primitiva, rompida nos seus vínculos tribais e desorganizada politicamente, quando sobre ela se abateu furiosamente o sistema colonialista. Não chegou a se formar uma civilização negra na África. O que verdadeiramente existiu até o ciclo das grandes navegações foram grupos primitivos, dominados pelo ritualismo das crenças tribais e afastados da escrita e do conhecimento, os dois agentes maiores da evolução cultural. A partir da dominação colonialista, as populações negras foram desarticuladas em sua base econômica primária, divididas em suas primitivas tradições culturais e desorganizadas em seus rudimentos políticos. O *status* colonialista impôs o regime escravista ocidental, a exploração dos recursos naturais e a dominação política pelas potências hegemônicas da época. Rompido o regime colonial, a estruturação política nacional desencadeou conflitos étnicos insuperáveis, transitando mais pela desorganização do que pela organização política. Os governos nacionais que se estabeleceram quase sempre foram títeres dos antigos colonizadores, o que motivou lutas internas que fragilizaram ainda mais os grupos que tentaram se organizar nacionalmente. A grande herança deixada pelo colonialismo foi um estado de pobreza, de miséria, de fome e de incultura aos negros africanos. Na atualidade, a África negra é um dos mais dramáticos cenários de vida social onde o atraso cultural, a reprodução não-planejada e as epidemias impõem uma das piores condições humanas do planeta. A pobreza e a fome na Etiópia, por exemplo, têm chocado a consciência mundial, tornando a África, no conjunto, o mundo da miséria humana.

O atraso cultural e a reprodução humana irracional criaram populações imensas em vários países asiáticos. Neles, a condição humana é em grande parte de pobreza, miséria e incultura. Na Índia, no Paquistão, no Afeganistão e na Indonésia, para citar os mais populosos e pobres, as condições de vida e de subsistência se nivelam abaixo do padrão de dignidade existencial. São chocantes os quadros de pobreza em massa na Índia, na Indonésia e no Paquistão, além do atraso cultural e da miséria no Afeganistão, e da má qualidade de vida em várias regiões asiáticas povoadas por seres humanos que vivem em situações indignas. Num contingente humano de cerca de dois terços do efetivo planetário, a Ásia tem hoje algumas ilhas de alta cultura tecnológica e científica, mesmo em países em que a pobreza impera, como é o caso da própria Índia e do Paquistão. O Japão, e presentemente a China, embora com grandes populações, evoluíram para uma cultura de fronteira, tornando-se expoentes das técnicas e das ciências.

Pontuando e particularizando a questão da pobreza, o Brasil apresenta um quadro dramático. As favelas do Rio de Janeiro, as vilas miseráveis da periferia de São Paulo, as favelas nos mangues de Recife, os submundos nordestinos, o interior das regiões Norte e Centro-Oeste abrigam a maior parte dos contingentes humanos de pobres, estimados em cerca de 56 milhões de pessoas, quase um terço da população total. Trata-se de uma condição humana indigna, na qual 30 milhões vivem abaixo da linha de pobreza e o restante sofre com a miséria absoluta. Nesses ambientes de habitabilidade precária, somam-se carências de toda ordem, o que produz uma condição humana incompatível com as grandes riquezas naturais e as geradas no processo econômico. A falta praticamente absoluta de higiene pública e familiar, a ignorância, a ausência de uma renda mínima de sobrevivência, a reprodução incontrolada, os desvios de conduta que conectam a marginalidade social com a marginalidade criminosa e a falta de perspectivas para o futuro compõem o cenário da tragédia humana nos ambientes de pobreza e miserabilidade nos quais vive uma enorme parcela da população brasileira. A infância e a adolescência marginalizadas são as grandes vítimas de uma crueldade social que as lançam em outra crueldade, a das ruas e do crime. Crianças e jovens marginalizados ganham as ruas, cometem infrações e são recolhidos. Nas ruas são agressivos, roubam, se prostituem. Quando recolhidos aos depósitos de menores, vêem rompidos todos os laços humanos que restavam de um curto período familiar e da própria convivência no mundo das sarjetas. Enjaulados, ociosos e mergulhados num mundo de destruição moral e de revolta incontida, tornam-se monstros, cometendo os mais chocantes e cruéis atentados à humanidade. Como justificar a trágica crise da juventude brasileira marginalizada? Há um cenário de degradação da ordem interna, no qual se multiplicam os conflitos sociais no campo e nas cidades, explode a violência e se dá a ruptura da ordem e do ordenamento jurídico.

O cenário de miséria nas grandes e médias cidades se constitui em matriz de reprodução irresponsável de crianças e, logo, de adolescentes, que, fugindo dos conflitos e das carências familiares, ganham as ruas, o refúgio inconsciente da desgraça pessoal. Nas ruas, transpõem rapidamente as fronteiras do mundo com lei para entrarem, sem alternativa, no mundo sem lei. A mesma sociedade que os gerou, que os empurrou para a marginalidade, agora, diante das agressões que praticam, os pune e os deposita nos mais abjetos antros da repressão social. Viram monstros, capazes de horrorizar pelos requintes de crueldade que praticam uns contra os outros. Em pouco tempo, os atuais adolescentes se tornarão adultos e superlotarão as antigas e as novas cadeias, enquanto novos adolescentes os substituirão nas ruas e nos encarceramentos oficiais.

A sociedade brasileira parece multipartida: a sociedade das elites globalizadas, a sociedade do crime organizado, a sociedade subumana das áreas de pobreza, a sociedade da juventude marginalizada e a sociedade dos excluídos. A pressão que essas tipologias societárias, produtos e subprodutos da fragmentação dos valores nacionais, exercem sobre o que ainda se pode chamar de sociedade organizada conduzirá seguramente à exaustão em curto prazo. A conseqüência mais imediata é a formação de movimentos sociais representativos de uma ação conflituosa, sustentada por comportamentos coletivos de revolta e rejeição. Nem as constantes, dramáticas e selvagens explosões de adolescentes nos antros da Febem sensibilizam a ordem social. Se o atual modelo neoliberal, global e excludente, permanecer, em futuro mais imediato só restará cantar os versos de Cabral de Mello Neto: "Essa cova em que estás /com palmos medida, /é a conta menor que tiraste em vida. /É de bom tamanho, /nem largo nem fundo, /é a parte que te cabe /deste latifúndio". Mas, nesse imenso latifúndio de 8,5 milhões de km^2, será que a cova medida é tudo o que a sociedade pode oferecer aos milhares de jovens que hoje estão à margem da ordem social? Certamente, não. A educação é sem dúvida o principal instrumento para minimizar as imensas desigualdades sociais, o principal agente social para o desenvolvimento humano. Essa é uma verdade que não pode ser ignorada na formulação das políticas concretas de desenvolvimento. A educação é o principal instrumento para o combate eficaz das desigualdades sociais. Somente por meio do processo educativo é que os contingentes marginalizados poderão, por meio da educação pública e gratuita, passar à condição potencial de inclusos na sociedade da competição.

O Programa das Nações Unidas para o Desenvolvimento (Pnud) estabeleceu três variáveis básicas à formulação do conceito de desenvolvimento humano: a) o nível de sobrevivência, um padrão mínimo de suporte à condição de vida, expresso em direitos substantivos como saúde, higiene pública, água potável e medicamentos, identificados nos índices de mortalidade infantil e de expectativa de vida; b) os níveis de conhecimento, ou seja, as oportunidades de acesso à educação e, nela, o grau de escolaridade e de qualidade do ensino; c) os níveis de entrada, o acesso às fontes de trabalho e aos direitos da cidadania. Essas três variáveis definem o processo de desenvolvimento, aqui entendido como a disponibilidade crescente, tanto quantitativa quanto qualitativa, de oportunidades sociais.

A educação representa a possibilidade de superação das desigualdades coletivas e da pobreza individual. A educação pública e gratuita, principalmente, propicia oportunidades concretas de se corrigir, a partir das novas gerações, os desníveis de formação cultural e profissional. A educação pública e gratuita pode ser considerada uma das maiores conquistas sociais da humanidade. Por meio dela foi possível avançar sobre o analfabetismo, a derradeira barreira à ascensão social. Todos nascem humanos, mas só se alcança a plena realização humana com a educação. A educação pública e gratuita foi e é a responsável pela formação dos ativos educacionais, que elevam e dignificam os povos, estabelecendo os padrões de desenvolvimento ou subdesenvolvimento para as nações. A educação, por outro lado, instrumentaliza o ser humano a novas conquistas no campo do conhecimento. A lição de Einstein é definitiva: o processo educacional representa um instrumento de treinamento da mente para conceber novos conhecimentos. A educação, portanto, além de elevar socialmente as pessoas, combatendo as desigualdades sociais, é uma ampla janela aberta à concepção de novos conhecimentos, de novas técnicas e de novas fronteiras científicas. O Brasil situa-se entre os países onde há maior índice de analfabetismo, profundas desigualdades sociais, baixos investimentos em educação pública, em ciência e em tecnologia. Não serão naturalmente os investidores externos que irão modificar o cenário da educação e do desenvolvimento. É evidente que não. O que realmente irá modificar o quadro nacional das desigualdades sociais, da pobreza e das profundas carências educacionais será a ampla mobilização dos recursos nacionais, a vontade política e uma visão mais interna dos problemas de estruturação econômica e de organização social. O Brasil apresenta uma das menores taxas do mundo — apenas 7,7% — de freqüência no ensino superior para a população entre 20 e 24 anos; a taxa de escolarização bruta é de 13%, inferior à da Argentina (39%), à do Chile (27%) e à da Bolívia (23%). Nos Estados Unidos a taxa bruta de escolarização no ensino superior é de 80%; na França é de 50%; na Inglaterra, de 48%; e na Espanha, de 46%.[14] O investimento federal no ensino superior é de apenas 0,7% do PIB, igualmente um dos índices mais baixos do mundo.

No ensino fundamental, sob a responsabilidade dos estados e municípios, a qualidade está gravemente comprometida pela baixa remuneração dos professores, as condições precárias de muitas escolas e estruturas curriculares desatualizadas. A situação se agrava mais ainda no interior mais remoto, com a falta de professores habilitados, a carência de transporte escolar e as deficiências nutricionais que debilitam os alunos para o aprendizado normal, além da necessidade familiar de desviar os jovens para atividades de apoio à manutenção familiar. O atraso cultural tem-se perpetuado em muitas comunidades, nacionais e estrangeiras, pelas deficiências da educação coletiva. Independentemente de ideologias políticas e crenças religiosas, a educação ampla, de qualidade, pública e gratuita é o mais poderoso instrumento de elevação cultural e, com ela, de novas perspectivas sociais. O ciclo da pobreza transmitida só será rompido com a mudança de nível de cultura e a formação profissional dos jovens.

[14] Dados do MEC/Inep para 2000.

Mas as amplas áreas de pobreza e miséria absoluta de todos os continentes estão longe de uma solução via educação. Essa perspectiva levanta duas questões destacadas por Amartya Sen: inadequação de capacidade e baixo nível de renda. Ora, a inadequação de capacidade condiciona a renda, enquanto a baixa renda inibe a superação dos limites mínimos de capacidade estabelecidos num determinado contexto social. A falta de um adequado processo educacional, capaz de proporcionar oportunidades iguais a todas as camadas da população, acaba por condicionar o desenvolvimento das capacidades e, conseqüentemente, a melhoria dos níveis de renda. Ninguém nasce incapaz para o exercício profissional. A educação proporciona o desenvolvimento das capacidades, desencadeando um processo de ascensão social no âmbito das gerações familiares e, portanto, no coletivo da sociedade. O desenvolvimento das capacidades via educação é uma condição social possibilitada pela via política. Contudo, o exercício da política ao longo do processo histórico dos países periféricos pouco tem priorizado verdadeiramente a educação. Nos orçamentos públicos, a educação aparece como despesa, custo, e não como investimento social, importante e definitivo para assegurar um padrão de vida distante da linha de pobreza ou da miséria absoluta. O processo histórico latino-americano relegou a educação a plano secundário; o resultado foi o desastre do analfabetismo que se abateu por longos séculos tanto na orla do Pacífico quanto na orla atlântica e, naturalmente, no isolado interior do continente.

O ensino público e gratuito se constituiu em fato social retardatário e de lenta expansão na América Latina. O ensino privado, principalmente o religioso católico, foi altamente elitista e circunscrito aos centros urbanos emergentes. A ética protestante, na América do Norte, privilegiou sempre a educação, colocando no centro das povoações que se iam formando a escola, símbolo de uma obrigação familiar para com as novas gerações. Essa obrigação familiar com a educação foi trazida pelos pioneiros europeus e rigorosamente observada até nos mais distantes recantos da conquista do Oeste. Se não havia escola, cada família cuidava da alfabetização; criada, a escola se encarregava de ampliar os conhecimentos.

O ritual histórico latino-americano foi o da conquista, da exploração e da transferência de recursos naturais para as metrópoles ibéricas. O analfabetismo interessava como forma de dominação e exploração de uma mão-de-obra barata e servil. A religião católica impunha a submissão à condição humana coletiva e pobre, à prepotência das elites que se formavam, comprometidas com a ordem colonial. Mesmo após as lutas que motivaram a independência, o *status quo* permaneceu, e à escravidão branca e mestiça se juntou a cruel escravidão negra, que viria ampliar as legiões de pobres e analfabetos em todo o continente. O processo histórico na América Latina foi socialmente excludente, mantendo nos mais baixos níveis da condição humana coletividades privadas de desenvolver capacidades que as tornassem passíveis de elevação social. Analfabetas e submetidas a várias formas de escravidão, as populações brancas, negras, mestiças, pobres na identidade social perpassaram os séculos colonialistas e os tempos de soberania até os primeiros anos do século XXI com muito pouco de valor agregado à condição social. Em várias áreas do Brasil e dos países andinos há pobreza e miséria hereditárias, como na África e na Ásia. Ao ciclo histórico, e sempre renovado, da pobreza se acrescem as novas multidões de desempregados das indústrias, que se modernizam, e do campo, onde as condições de produção para a pequena propriedade se tornaram insustentáveis.

A estrutura de renda no Brasil, e nos demais países onde as desigualdades sociais são chocantes, sofre descontinuidades e rupturas à medida que as classes se alargam para os níveis mais baixos. A renda na periferia do sistema capitalista é do tipo piramidal, com uma ampla base onde se situam as classes médias empobrecidas, a linha de pobreza e miséria. Há duas considerações sobre a variável renda nas camadas mais baixas da população. Uma é a utilização da mão-de-obra escrava, independentemente da etnia, resquício da herança colonial. Ainda hoje, no vasto interior do Brasil, persiste o trabalho escravo, entendido como a troca de esforço físico por comida e por precárias condições de habitabilidade. Trabalho que inclui homens e mulheres de todas as faixas etárias, não poupando sequer crianças em tenra idade. A outra é um produto atual das desigualdades e da exclusão social. As grandes migrações internas do campo para a periferia das grandes cidades desarticulam a vida individual e familiar, produzindo excedentes de mão-de-obra sem qualificação para o mercado de trabalho urbano. Aos contingentes oriundos do campo somam-se os desempregados urbanos. As carências e a má qualidade de vida, que evoluem no interior das comunidades marginalizadas e faveladas, acabam numa via sem retorno à pobreza por ruptura da estrutura de renda. Nos últimos 50 anos, levas de nordestinos se dirigiram para a periferia de São Paulo e do Rio de Janeiro, formando a base de uma enorme população de marginalizados, de baixa renda, ou em grande parte sem renda continuada. Nessas condições sociais, o resultado só poderia ser o da degradação das condições de vida de gerações que foram se sucedendo e expandindo. As reações às descontinuidades e rupturas de renda pessoal e familiar têm desembocado no mais dramático surto de violência urbana da história brasileira. A violência urbana atinge níveis de descontrole no contexto da organização social. Os debates e a repetição cansativa das medidas propostas atendem quase sempre a uma pretensa satisfação política para a sociedade atormentada pela potencialidade da violência. Os resultados da ação política são praticamente nulos — aumentam as discussões, aumentam os pacotes de medidas, mas a violência cresce com mais eficiência. E por quê? As medidas políticas no âmbito da repressão ou da alteração dos códigos ou ainda da ampliação do sistema prisional atendem apenas às conseqüências do crime, organizado ou não; atuam no efeito produzido pela violência. Fica clara uma questão decisiva: que causas determinam a loucura da violência urbana e, uma vez identificadas, por que não há um debate profundo sobre elas e a adoção de medidas adequadas? Existe uma realidade incontestável, a do grave desequilíbrio social que coloca um terço da população brasileira na linha de pobreza e, quase sempre, abaixo dela.

A pobreza no país atingiu níveis de difícil recuperação, produzindo, como uma matriz enlouquecida, cidadãos enfraquecidos e revoltados psicologicamente ante um quadro de impossibilidade lógica de crescimento social. A pobreza é a maior violência que se pratica contra a sociedade, é um terrorismo social que acaba produzindo reações em cadeia, alcançando contingentes enormes da população. Há dois tipos de exclusão social: uma é a própria exclusão familiar, quando a reprodução humana descontrolada em ambientes de pobreza acaba jogando para as ruas crianças e jovens que aumentam permanentemente a densidade da marginalidade social. A avenida onde desemboca a marginalidade social é a da marginalidade criminal, classificada sob diversas modalidades nos códigos de conduta. A outra exclusão social é produzida pela falta de formação profissional da população para o novo perfil do mercado de trabalho.

A sociedade organizada clama pelo aumento do efetivo policial militar, mas, para cada novo policial nas ruas, para cada marginal recolhido, outros tantos, muitos mais, entram diariamente em atividade. As prisões estão superlotadas, e o Brasil vai se tornando progressivamente uma grande prisão; prisão de marginais do crime e prisão da população dominada pelo medo da agressão. As causas que produzem as ações e reações violentas das camadas empobrecidas e humilhadas da sociedade são conhecidas: descontrole da reprodução humana nas faixas de pobreza e miséria da população, desequilíbrios profundos na distribuição da riqueza nacional, processo educacional insuficiente para a recuperação dos baixos níveis de cultura e formação profissional, saúde pública caótica, desemprego e degradação da vida social. O combate à violência, em suas conseqüências mais sentidas, é uma exigência de prazo imediato da sociedade aterrorizada; porém, é preciso atacar as causas, do contrário passa-se a viver em infernos urbanos, onde os conceitos de liberdade, democracia e justiça perdem grande parte de seus significados.

A falta de renda contínua, capaz de assegurar a satisfação das necessidades básicas do indivíduo e da família, impede o desenvolvimento das capacidades e o crescimento social e é um dos fundamentos maiores dos desvios de conduta e das alternativas fora da lei. Essa realidade e a ausência de um grande projeto social para qualificar as gerações que já nascem marginalizadas têm efeito multiplicador nos quantitativos da pobreza e do crime. Multiplicam-se também os graves problemas de saúde e higiene, que naturalmente repercutem sobretudo na rede hospitalar pública.

A pós-modernidade encontra a sociedade mundial dividida entre a riqueza e a pobreza. A pobreza material de milhões de seres humanos não está contemplada nas grandes engenharias macroeconômicas globais. O processo produtivo e a conquista dos mercados dirigem-se à lucratividade empresarial privada. As grandes decisões políticas estão voltadas particularmente para o cenário global financeiro, do qual os países da orla capitalista são irremediavelmente dependentes. As questões sociais que envolvem a condição humana no amplo espectro da pobreza e da miséria não sensibilizam suficientemente a ordenação de políticas de investimento em liberdades substantivas. Isso significa que o Estado político desconsidera a prioridade da escolarização, da saúde, da higiene, da renda contínua e suficiente em favor de benefícios abusivos à ordem econômica e financeira internacional, dissociada da realidade social interna. Os desequilíbrios históricos não superados e as rupturas sociais provocadas pela passagem de um contexto de economia nacional, que de alguma forma produzia um projeto de desenvolvimento, para o da economia global, baseado apenas em estratégias econômicas, agravaram substancialmente, nos últimos anos, a condição humana da pobreza e da miséria. A nova ordem global desmobilizou os contratos sociais, quando não os desativou totalmente. O Estado do bem-estar social, garantido por regulamentações oficiais, viu-se atropelado pela dialética da globalização, pela eficiência das técnicas, pela racionalidade dos custos e pelo novo perfil do trabalho. Foram rompidas relações de emprego baseadas em estruturas produtivas que detinham grande participação de mão-de-obra de baixa qualificação profissional e eram apoiadas por um sindicalismo forte e atuante. O novo perfil industrial, com suporte em técnicas avançadas, microeletrônicas e de gestão, provocou o desemprego em massa, o enfraquecimento dos sindicatos, o aviltamento dos salários e a temporalidade do emprego. Uma legião de excluídos do novo processo industrial se somou aos excluídos do campo, onde as novas tecnologias e a produção empresarial liquidaram com a pequena propriedade e a sustentação da agricultura e da pecuária familiares.

A inovação tecnológica em todos os setores da atividade econômica não pode ser considerada um mal. Nada deve estancar o desenvolvimento das técnicas, do conhecimento e da informação. O grande problema criado com a reestruturação capitalista a partir dos anos 1970 foi uma brusca ruptura do modelo econômico, sem que medidas preventivas tenham sido implementadas para assegurar a condição social dos contingentes de trabalhadores até então qualificados para o modelo vigorante e, de repente, desqualificados para o novo modelo. A exclusão de milhares de trabalhadores industriais foi inevitável, assim como as transformações ocorridas no campo liberaram um grande contingente de trabalhadores sem qualificação para atividades urbanas. Nenhuma iniciativa imediata de construção de um amplo programa de (re)qualificação profissional para os excluídos do setor industrial foi tomada, um processo por natureza demorado e difícil, bem como não foi implementada uma política adequada e rápida de inserção, sob novas condições, dos excluídos do campo. Chegando à periferia das grandes e médias cidades, os chamados sem-terra — trabalhadores rurais sem nenhuma qualificação profissional — incharam os bolsões de pobreza e miséria nas degradantes condições de vida das favelas.

A sociedade da pobreza e da miséria reproduz-se rapidamente devido a altas taxas de natalidade. Trata-se de uma reprodução humana irracional, conseqüência da própria pobreza e dos baixos níveis de cultura. A dimensão do problema das desigualdades sociais tem desdobramentos preocupantes. Um deles é a má qualidade de uma parcela significativa da população. Má qualidade no sentido existencial, pela expansão de grupos humanos que carregam e transmitem carências básicas em educação, saúde, higiene, padrões morais, comportamentos éticos, além de costumes e crenças incompatíveis com o avanço da inteligência humana. As comunidades marginalizadas acabam por construir seus próprios códigos de conduta, cujos princípios estão fora dos que representam a sociedade organizada e legal. O confronto é inevitável; são conflitos sociais de inconformismo pelo distanciamento entre a riqueza e a pobreza, ou, em situações bem piores, o enfrentamento armado, configurando um cenário de violência urbana sem precedentes. A passagem da marginalidade social para a marginalidade criminal é uma tendência crescente nas grandes áreas de habitabilidade da pobreza e da miséria. Mesmo que o aparato repressivo possa em dado momento reduzir a criminalidade urbana, o potencial de desvios de conduta será sempre crescente enquanto as causas mais fundamentais da degradação humana não forem atacadas. A perda de substância da classe média, uma espécie de fiel da balança das desigualdades sociais, como vem acontecendo particularmente no Brasil, aumenta a perspectiva de convulsões sociais.

O pós-modernismo enfrenta os conflitos sociais, étnicos e religiosos de um mundo pré-moderno. Em várias partes da Terra a violência explode, o terrorismo se torna mais ousado, as migrações se acentuam e países entram em crise econômica, financeira e social. A percepção desse realismo coloca o mundo pós-moderno em alerta, pois as futuras conquistas da humanidade nos campos das técnicas, do conhecimento, da informação e da qualidade de vida dependerão em muito dos acontecimentos que se desdobrarão na periferia das grandes hegemonias mundiais.

CAPÍTULO 13

As novas relações de trabalho: o declínio do sindicalismo

A EVOLUÇÃO DAS TECNOLOGIAS desencadeou uma notável revolução nas estruturas organizacionais, nas formas de produção, nas relações de trabalho e nos métodos de gerenciamento. Nas empresas reestruturadas e nas que se formaram sob o domínio da informação e do conhecimento, pouco ou nada da era industrial ficou de pé. Durante o longo período da industrialização mecânica, as fábricas aumentaram seus contingentes de mão-de-obra ao extremo, criando parques fabris que se caracterizavam por categorias sociológicas bem marcantes. Nos grandes ramos industriais formaram-se categorias funcionais identificadas na sociedade por agrupamentos recreativos, esportivos e culturais. Nasceram e se fortificaram, durante a era industrial, os sindicatos como organizações de defesa de classes de trabalhadores industriais e também de outras categorias representativas do comércio, das atividades portuárias, dos produtores e trabalhadores rurais e de inúmeras outras atividades. O sindicato tornou-se a expressão maior do trabalho organizado, regido pelas leis trabalhistas, no contexto do contrato social. O sindicalismo tornou-se a marca triunfante dos operários contra os patrões durante a época das lutas de classes. Em momentos de grandes e graves conflitos sociais, os sindicatos estavam no comando, utilizando-se do poder reivindicatório, do poder de paralisação e do poder político-populista. O poder dos sindicatos era na verdade o poder de confronto das massas trabalhadoras contra as elites dirigentes. Esse confronto foi marcado também por uma nova linguagem de classe, que logo passou às correntes políticas identificadas com os sindicatos. Palavras de ordem, expressões de conotação ideológica alimentaram a dialética da esquerda até a queda do gigante comunista e seus principais satélites.

O movimento sindical não foi apenas uma frente de luta pelos direitos e interesses dos trabalhadores operários, foi também uma perspectiva de força para as correntes ideológicas de esquerda. Os sindicatos e a esquerda se uniram numa ampla mobilização política contra o domínio das classes dirigentes, tanto no setor privado quanto no público. No setor privado, travou-se uma gigantesca luta contra os proprietários dos meios de produção e, no setor público, cresceu uma frente de oposição às oligarquias e aos partidos de direita, esses representativos, na verdade, de um Estado público na sua formulação institucional, porém elitista em suas principais ações. As elites do setor privado quase sempre se aglutinaram, elas próprias ou seus prepostos, em torno de partidos de direita, dominando amplamente o cenário político mundial. Mesmo em países nos quais a esquerda triunfou total ou parcialmente, as estruturas de poder mantiveram a orientação política anterior ou vigente, ou seja, firmemente baseada no contraponto ideológico. Poucas mudanças foram introduzidas capazes de identificar claramente, e na prática, mais uma ideologia de esquerda do que a própria direita progressista. A socialdemocracia é um exemplo de ideologia de centro com viés à esquerda que avançou em benefícios sociais, criando o chamado Estado de bem-estar social. O contrato social, na socialdemocracia, privilegiou bastante os programas sociais, alvos do furor da nova ordem neoliberal a partir dos anos 1990.

A esquerda sindical teve seu momento de glória na Revolução Russa e nos regimes comunistas que se seguiram em várias partes do mundo. A ditadura do proletariado acabou se transformando num grande erro histórico, pois suprimiu liberdades importantes e, ao nivelar a sociedade por baixo, estabeleceu um amplo estado de pobreza, contrariando os pressupostos de elevação social, respeito à liberdade de pensamento e expressão e às liberdades de cada um construir sua própria diferença. Durante os 75 anos da esquerda radical no poder, os sindicatos, movidos pela utopia do comunismo, ganharam força e alimentaram a possibilidade de assumir o poder e transformar a sociedade. A própria estrutura de produção e a organização empresarial da era industrial favoreceram, e em muito, o fortalecimento dos sindicatos. Os sindicatos fortalecidos pela atividade industrial em expansão geraram partidos de esquerda fortes, e mais, transportaram a imagem de defesa do proletariado para os movimentos revolucionários de ruptura com a ordem estabelecida.

A era industrial com suporte nas tecnologias mecânicas foi representada por unidades fabris com grandes contingentes de mão-de-obra, uma massa assalariada e protegida por concessões legais das oligarquias dominantes. Os sindicatos se organizaram em torno de categorias funcionais de milhares de operários, como aconteceu no ABC paulista a partir dos anos 1950. À expansão da indústria automobilística — montadoras e autopeças —, correspondeu um número cada vez maior de operários, metalúrgicos e outras categorias profissionais. O crescimento dos contingentes sindicalizados aumentou naturalmente a ação e o poder das organizações sindicais, promovendo, organizadamente, uma frente de luta por melhores salários e outras vantagens. O movimento ganhou densidade e força reivindicatória, logo transbordando influência e poder para o cenário político. Os partidos de esquerda tentaram absorver o movimento sindical, porém, o movimento era novo e com novos ideais, embora com uma visão política muito restrita ao ambiente do próprio ABC. Tudo o que se insurgia dos sindicatos contra as multinacionais automotivas e as empresas nacionais a elas vinculadas era a expressão de uma nova força, um poder de associação de classe que logo se transformaria em poder político. Foi então necessário criar um partido que desse sustentação aos ideais dos sindicatos, que abrigasse as palavras de ordem neles forjadas e se submetesse às lideranças que se projetavam. E isso aconteceu com a criação do Partido dos Trabalhadores, o PT.

No momento de fortalecimento do poder contestatório, após o ciclo militar, o sindicalismo político no Brasil viu-se, perplexo, diante de dura realidade: a desintegração do modelo de esquerda revolucionário, com a dissolução política e ideológica da União Soviética no início dos anos 1990. Essa década é histórica, pois assistiria ao sucesso da reestruturação do capitalismo a partir das novas tecnologias microeletrônicas e de gestão, ao fim do sonho de uma sociedade igualitária por parte da esquerda radical, à destruição do contrato social que sustentava o Estado de bem-estar social, ao enfraquecimento dos Estados-nações e ao declínio melancólico do sindicalismo. O que restou do comunismo são exemplos a não serem seguidos, que por sua própria condição intrínseca sepultariam a idéia revolucionária de tomada do poder pela força. A década de 1990 passará à história como um grande sepulcro, onde jazem realidades, mitos e utopias de uma modernidade não mais representativa da atualidade que se seguiu; atualidade que introduziu suas próprias realidades, seus próprios mitos e utopias, atualidade que instalou um novo tempo, o tempo da pós-modernidade.

O movimento sindical do século XX foi suficientemente forte para enfrentar o poder da ditadura dos próprios operários, para apoiar a queda de ditaduras de direita na orla capitalista e para instalar regimes de esquerda radical que acabariam suprimindo a própria liberdade de ação sindical. Os sindicatos lutaram contra as ditaduras das elites instaladas sob um poder pessoal, civil ou militar, ou então contra os regimes de direita do Estado elitista; lutaram pela instalação de ditaduras de esquerda que logo se voltaram contra eles e os aniquilaram. Os sindicatos e a esquerda radical viveram e sofreram a contradição e suas próprias contradições. Mas, mesmo sem as bandeiras da revolução proletária, mesmo com o fracasso dos exemplos a serem seguidos, o sindicalismo político tentou sobreviver, revendo alguns dogmas que o dominaram durante décadas. O enfraquecimento do movimento viria muito mais pela reestruturação vitoriosa do capitalismo do que propriamente pelo fracasso da democracia revolucionária. A esquerda comunista no poder e a sociedade industrial tornaram-se passado rapidamente, e uma nova ordem mundial se instalou também rapidamente. Os sindicatos sofreram o rude golpe da descapitalização do poder; antes, fortes para reivindicar aumentos salariais, após, fracos para negociar reduções salariais. Essa virada no papel dos sindicatos foi de certo modo desmoralizante, enfraquecendo inapelavelmente o movimento dos trabalhadores. A ocupação dos espaços de trabalho nas unidades industriais que se modernizaram ou nas novas que se instalaram tem um novo agente de produção; não é humano, não é um trabalhador sindicalizado, mas uma máquina, o robô, criado e aperfeiçoado pela inteligência do homem. A mão-de-obra nas grandes indústrias vem sendo substituída pela máquina eletrônica e pelos técnicos, ou seja, o trabalho que correspondia aos operários passa a ser feito pelas máquinas, e o mais especializado é executado pelos detentores do conhecimento. Em ambos os casos, os sindicatos estão fora, o que leva à previsão de um papel cada vez menos importante para o sindicalismo no processo produtivo em futuros mais imediatos.

As relações de trabalho, em alguns casos, foram rapidamente se deslocando dos sindicatos para outros órgãos criados por força de dispositivos legais. A Lei nº 8.630, de 25 de fevereiro de 1993, que instituiu o regime jurídico de exploração dos portos organizados e das instalações portuárias, conhecida como Lei de Modernização dos Portos Brasileiros, desferiu um golpe mortal nos poderosos sindicatos portuários. Além de permitir a quebra do monopólio estatal nas atividades portuárias, promoveu também a quebra do monopólio da contratação da mão-de-obra intermediada pelos sindicatos. A lei estabelece que os operadores portuários devem constituir, em cada porto organizado, um órgão específico para funcionar como gestor de mão-de-obra, tendo como objetivo a implementação das atividades dos portos. O registro e o cadastro dos trabalhadores portuários passaram a ser operados pelo Órgão Gestor de Mão-de-Obra (OGMO), restando aos sindicatos apenas a tarefa de elaborar as escalas de trabalho. As relações de trabalho nos portos brasileiros tinham uma dimensão de força sindical comparável a do ABC paulista. O número de sindicatos no Porto do Rio Grande (RS) chegou a 17, com amplo poder de negociar, paralisar e engessar as atividades portuárias. Com a privatização operacional dos principais terminais de carga e descarga do chamado Superporto do Rio Grande, os sindicatos perderam poder, passando de presença principal para secundária. As novas relações de trabalho sofreram não só mudanças funcionais, em face das novas tecnologias empregadas nos serviços portuários, como também de caráter contratual, pois não são mais intermediadas pelos sindicatos, mas pelo OGMO. Embora nem todos os portos brasileiros operem segundo os dispositivos da Lei de Modernização, a tendência é para que isso venha a acontecer gradativamente. De qualquer maneira, são evidentes as perdas de poder dos sindicatos na orla portuária.

Uma das realidades mais traumáticas da presente atualidade, e que se acentuará nas próximas décadas, é a progressiva perda de substância do emprego. A atividade empregatícia de longo tempo em planos de carreira nas empresas está chegando ao fim. Grande parte das atividades antes correlacionadas a funções de emprego é atualmente objeto de contratação por tarefa, numa faixa terceirizada que se alarga constantemente. As empresas estão se redimensionando, cingindo-se apenas a unidades centrais de produção ou de montagem. Matérias-primas, componentes, insumos e serviços são objetos de novas relações com fornecedores e prestadores de serviço. Mesmo nas atividades de comércio e serviços multiplicam-se os pequenos espaços lojistas, com reduzido número de empregados. Ganham expressão as atividades de autônomos, especialistas e portadores de formação técnica e acadêmica pós-graduada. O trabalho passa a ter nova conotação e conceituação. Acentua-se a diferença conceitual entre emprego e trabalho. Durante a era industrial o empregado era o trabalhador operário, o funcionário burocrata ou o técnico especializado. Atualmente, o empregado está correlacionado a atividades menos especializadas, incluídas em níveis de escolaridade que começam a perder espaço quer no setor público, quer no setor privado; são categorias sob forte terceirização. O trabalho ganhou nova configuração como atividade humana. É mais profissional, mais autônomo, mais especializado, quer sob a forma de contrato, concurso público ou de prestação de serviço. Há cada vez menos oportunidades para o empregado e cada vez mais possibilidades para o trabalho especializado. Essa mudança nas relações de emprego e trabalho veio com as revoluções que se operaram tanto em termos tecnológicos quanto nas técnicas e metodologias de gestão. Os tempos são, portanto, de novas tecnologias, que exigem novas formações profissionais e novas relações de trabalho e que produzem, conseqüentemente, novos movimentos sociais.

CAPÍTULO 14

Os novos movimentos sociais

O SÉCULO XX foi marcado por grandes mobilizações populares. À frente dos movimentos de massa estiveram sempre os sindicatos, alimentados pela dialética da esquerda revolucionária. O conflito entre patrões e empregados se derramava sobre a sociedade, impregnando-a com a exacerbação ideológica, a luta política e a pregação revolucionária. A democracia reivindicada era a do domínio da classe operária, a tomada do poder pelo povo sob a forma política-ideológica ou pela força da revolução ideológica e armada. No confronto entre as correntes políticas de direita e esquerda, diferenciadoras das posições de classe, os sindicatos se tornaram os principais agentes da mobilização popular. Tanto as mobilizações urbanas quanto as rurais, nos diversos segmentos sociais, tinham se não a organização sindical pelo menos o apoio claro e quase sempre ostensivo dos sindicatos. A ação revolucionária armada dos últimos 50 anos teve como suporte ideológico o confronto com o domínio das elites conservadoras no campo, detentoras da posse da terra. A estrutura fundiária histórica privilegiava poucos e mantinha, na maior parte da América Latina, um *status* de pobreza para grandes contingentes da população campesina. A revolução social desencadeada nas zonas rurais teve amplo e irrestrito apoio urbano dos sindicatos identificados com a luta de classes. Portanto, os grandes movimentos sociais do século XX incorporaram a dialética ideológica de esquerda, tanto em relação à luta armada no campo quanto nas lutas políticas por conquistas sociais trabalhistas, ou ainda, especificamente, à luta reivindicatória junto à classe empregadora.

Esse contexto ideológico, político e sindical mudaria profunda e rapidamente a partir do início dos anos 1990. A queda da União Soviética desmobilizaria e enfraqueceria o poder dialético de esquerda, desarticulando o sistema de forças que alimentava os movimentos revolucionários armados, a luta política de esquerda pelo poder por meio do voto, a luta pela manutenção das conquistas sociais — Estado de bem-estar social — e a luta dos sindicatos pela manutenção do antigo poder num mundo globalizado no qual não tinham mais espaço ou então um espaço muito reduzido. O que se erguia, em lugar das grandes mobilizações sindicais, era um novo movimento definido por organizações temáticas independentes e outras aparentemente independentes.

Os movimentos sociais independentes são um fenômeno novo em todo o mundo. A economia global criou para os países da orla do capitalismo hegemônico novas formas de dominação e, a partir delas, um aprofundamento das desigualdades sociais. Seguiu-se à chamada abertura econômica o desemprego em massa, a recessão, o aviltamento dos salários, a quebra do contrato social, a perda dos controles internos e saltos enormes no processo de endividamento externo. As crises que afetaram o Sudeste asiático, a Rússia, o México, o Brasil e a Argentina, para citar as de maior significado político, desencadearam novas formas de mobilização popular. A classe média, o fiel da balança no espectro das desigualdades sociais, mobilizou-se quase que num movimento espontâneo e saiu às ruas em protesto contra as dificuldades novas que se acresciam às antigas. Na escala social mais abaixo, as manifestações tiveram caráter mais violento, com arrastões e saques, numa flagrante agressão à sociedade organizada por conta do agravamento dos desníveis sociais. O protesto da classe média e o protesto da pobreza, nos últimos 10 anos, não representaram mobilizações sindicais, embora os sindicatos manifestassem apoio. Um rastro de mobilizações populares pelas ruas das grandes capitais sul-americanas nos últimos anos mostrou que a sociedade passou a assumir a defesa de seus interesses em movimentos independentes de conotação política. As dificuldades existenciais, particularmente o desemprego e a queda da qualidade de vida, falaram mais alto, levando grandes contingentes da população civil às ruas e ao confronto com as forças de repressão. Também no mundo dos países desenvolvidos os movimentos populares de rua têm se repetido com freqüência; a defesa dos direitos humanos, os protestos contra a globalização e, particularmente, contra as políticas do FMI e do Banco Mundial são temáticas dos novos movimentos sociais independentes.

Entre os movimentos inicialmente independentes, o ecológico foi o de maior importância no que diz respeito ao padrão de comportamento humano em relação à natureza. Surgido na segunda metade do século XX, o movimento ecológico contava com grupos pequenos de ativistas e a desconfiança dos setores público e privado. Talvez se possa dizer que foi a primeira manifestação do que viria a se constituir em terceiro setor. O movimento ambiental mudou a maneira de encarar a natureza, levantando a bandeira da preservação dos ecossistemas e, principalmente, a compatibilidade entre o desenvolvimento da sociedade e o meio ambiente. Os grupos ecológicos que o constituíram, de início, atuavam por associação, independentes de qualquer vinculação com órgãos públicos ou empresas privadas. Ao contrário, eram vistos como radicais do meio ambiente, muitas vezes hostilizados e até agredidos. Contudo, o movimento cresceu e deu origem à institucionalização ambiental, ou seja, órgãos públicos foram criados para cuidar da preservação ambiental, condicionando as atividades privadas à observância de normas sempre que possam provocar algum tipo de dano aos ecossistemas. O movimento ambiental tem atualmente outras variantes; são menos românticos e idealistas do que nos primeiros tempos, passando da ação de grupos associados independentes para organizações institucionalizadas, numa redefinição estrutural que viria a dar origem às organizações não-governamentais, as ONGs.

As ONGs cresceram rapidamente e passaram a atuar em diversos campos sociais numa configuração apenas aparentemente independente. Como organismos institucionalizados, começaram a ocupar espaços sociais e incorporaram um poder de ação contraposto à dura realidade das desigualdades sociais e às agressões ao meio ambiente. Contudo, à medida que ampliavam o campo de ação em relação aos problemas sociais e ambientais, perdiam, por outro lado, o caráter de atividade independente do terceiro setor. Os custos operacionais das ONGs as levaram a estabelecer parcerias e dependências financeiras que condicionaram muitas vezes as metodologias de ação e algumas formas de cumplicidade a partir de relatórios da realidade trabalhada. As ONGs locais, para garantir sua sustentabilidade financeira, filiam-se às organizações não-governamentais internacionais (Ongis), que por sua vez dependem de parcerias com poderes públicos ou com empresas privadas. Há interesses públicos e privados nas atividades das ONGs. Para a iniciativa privada, os dados e as conclusões dos relatórios podem servir de parâmetros para a elaboração de estratégias econômicas; para o poder público, podem funcionar como uma transferência de responsabilidade na execução de políticas sociais e ambientais, ficando o Estado apenas como auditor das aplicações financeiras.

Na última década observou-se grande crescimento e diversificação de atividades nas ONGs. Forni informa que, somente na Grande Buenos Aires, existe uma rede de 120 ONGs de base atuando em diversos campos sociais. Carvalho e Sachs falam de 100 ONGs no Nordeste e informam que, segundo a Associação Brasileira de ONGs (Abong), 65% delas têm apoio internacional. Embora as ONGs sejam organizações sem fins lucrativos, a profissionalização das atividades impõe custos operacionais cada vez mais elevados, o que as torna dependentes de recursos públicos, em diversos níveis, ou da cooperação internacional. Em ambos os casos, há perdas na independência original dessa forma de organização. O movimento ecológico inicial, que evoluiria para o ambientalismo, conscientizou não só o poder público, mas principalmente as empresas privadas. Algumas, de grande porte, formando complexos industriais como os pólos petroquímicos, encontraram alternativas para compatibilizar suas atividades com o meio ambiente de entorno ou até criaram novos ambientes naturais.

Na América Latina podem ser identificados outros dois grandes movimentos sociais com características novas e métodos de ação diferenciados: um é o movimento zapatista, no México, menos ativo atualmente, e o outro é o Movimento dos Trabalhadores Rurais Sem-Terra (MST), no Brasil, em grande atividade. O movimento zapatista eclodiu no sul do México, no estado de Chiapas, em 1994, formado na maioria por índios camponeses sob a liderança de intelectuais. O movimento zapatista nasceu e se fortaleceu sob o impulso dos graves problemas fundiários do México, embora esse país tenha se tornado pioneiro na redistribuição de terras a partir dos grandes movimentos revolucionários do passado. Os movimentos por terras sempre se caracterizaram por ações de camponeses explorados pelos grandes proprietários, num sistema fundiário ainda vinculado ao passado colonialista. Ao contrário do MST no Brasil, que tem caráter nacional, o movimento de Chiapas permaneceu localizado, como uma revolta contra a política de assentamentos do governo federal, que sempre beneficiava os grandes latifundiários da região. A eclosão do movimento ocorreu após longo período de gestação; desde os anos 1970 que a Igreja Católica vinha apoiando a organização dos camponeses a ir à luta por nova estrutura fundiária, capaz de garantir a propriedade da terra aos milhares de sem-terra forçados a trabalhar para os grandes proprietários em condições subumanas.

Embora o movimento zapatista tenha sido forjado nas lutas pela terra, contra a dominação e a opressão a que sempre estiveram sujeitos os camponeses indígenas durante os cinco séculos que transcorreram desde a chegada dos espanhóis, há uma outra variável a ser considerada: o protesto contra a globalização e, principalmente, contra o acordo de livre comércio entre o México, os Estados Unidos e o Canadá, o Nafta. Essa variável deve-se particularmente à presença de intelectuais no movimento, com passagem por universidades importantes e que levariam ao ambiente campesino a dialética contra a globalização. Utilizando a internet como meio de divulgar para o mundo a situação crítica dos indígenas camponeses e as próprias idéias contra a nova ordem global e o acordo do México com os Estados Unidos e o Canadá para o livre comércio, os dirigentes do movimento tornariam o zapatismo uma frente de oposição à ordem internacional do capitalismo. "No cabaré da globalização, o Estado realiza um *strip-tease* e, no fim sua função, se queda no mínimo: o poder de repressão. Destruída sua base material, anulada sua soberania e independência, e aniquilada sua classe política, o Estado nacional se converte em um mero serviço de segurança de megaempresas. Os novos amos do mundo não necessitam governar de forma direta. Os governos nacionais estão encarregados da tarefa de administrar os assuntos em seu nome", nas palavras do subcomandante Marcos, de Chiapas. Essa e outras mensagens dimensionam o movimento como uma nova forma de luta pela justiça no campo e pelos interesses nacionais ante as estratégias do capital internacional, em busca do amplo domínio de mercados e a submissão dos Estados-nações. O movimento zapatista, associando um problema secular a outro da presente atualidade e utilizando as tecnologias da informação, sensibilizou o mundo e contribuiu para a tomada de consciência de que há, na América Latina, bem vivo, um processo cumulativo de problemas tanto oriundos do colonialismo quanto da radiante atualidade.

O MST, no Brasil, teve inicialmente forte conotação política, sindical e religiosa. Com o apoio do Partido dos Trabalhadores (PT), da Central Única dos Trabalhadores (CUT) e da Igreja Católica, o movimento foi se articulando, se fortalecendo e ganhando dimensões nacionais. Contudo, antes de analisar as atuais ações do MST é pertinente lembrar que a luta pela terra vem de longa data. As reformas de base do governo João Goulart (1961-64) incluíam a reforma agrária, um dos pontos de maior resistência das elites conservadoras do campo, com grande influência no Congresso Nacional e nos setores empresariais e militares. No Nordeste, à época, fortaleceram-se as ligas camponesas, que representavam um movimento contra o latifúndio e o empobrecimento dos pequenos proprietários de terra, sempre sujeitos à exploração das elites dominantes, detentoras de indiscutível poder político. O movimento militar de 1964 desarticulou os movimentos sociais rurais criando, durante 20 anos, um hiato nas lutas pela reforma agrária.

O sistema fundiário brasileiro é um dos mais injustos do mundo. Praticamente não houve até o momento a adoção de um amplo programa de recuperação produtiva para a pequena propriedade, engolida pela rapidez da introdução no campo das modernas tecnologias, incluindo as formas de empresas rurais administradas a partir dos centros urbanos. A desestruturação da pequena propriedade provocou, nos últimos 50 anos, um incontrolável êxodo de trabalhadores rurais em direção aos grandes centros urbanos. Boa parte das favelas das grandes capitais, principalmente no Rio de Janeiro e em São Paulo, floresceu com a chegada dos excluídos pela inclemência da seca no Nordeste e pela impossibilidade, em todos os estados, de sobrevivência nos minifúndios. A reforma agrária como é atualmente praticada pelo governo federal está longe de solucionar o problema dos sem-terra; ao contrário, é um mecanismo oficial de reprodução da miséria, do endividamento e dos intermináveis conflitos sociais no campo.

O MST assumiu na última década uma postura mais agressiva, mais independente das bases políticas que o impulsionaram durante anos; sua ação atualmente é nitidamente de confronto, modulando o conflito sobre a posse da terra em ondas de invasões em propriedades rurais. Essas ações se chocam com o estatuto jurídico da propriedade privada e configuram atos de violência contra a sociedade organizada. A questão da terra é de ordem política, devendo ser solucionada no âmbito das políticas governamentais e legislativas. Invadir e destruir conduz à reação armada, aprofundando o conflito rural.

Na década de 1980 foi intenso o movimento dos sem-terra pelas estradas, em acampamentos improvisados, sinalizando, para o futuro, ações mais decisivas. Com a ativa participação de segmentos católicos identificados com a causa das desigualdades sociais, foram realizadas experiências novas no processo de assentamento dos excluídos rurais. O Instituto Nacional de Reforma Agrária (Incra), à época, introduziu os projetos integrados de colonização (PICs), tentando resolver as graves distorções demográficas que envolviam os trabalhadores rurais. O objetivo dos PICs era estabelecer um sistema produtivo planejado e mecanizado, capaz de garantir a sobrevivência das famílias, com a fixação no meio rural dos migrantes do campo. Todavia, as bases estruturais do problema fundiário não foram resolvidas, o que desgastou a iniciativa de assentamentos em pequenas propriedades. O processo de pauperização nas pequenas propriedades levou a novas experiências, entre elas a criação da Associação de Agricultores de Nova Ronda Alta (RS).

Há um marco a ser assinalado na evolução do movimento dos sem-terra no Rio Grande do Sul. Na localidade de Encruzilhada Natalino formou-se um acampamento com cerca de 600 famílias, vivendo em condições precárias de alimentação, higiene e sob forte repressão policial.[15] A perspectiva de um grande conflito com os acampados de Encruzilhada Natalino, que recusaram assentamentos fora do Rio Grande do Sul, levou o governo, com o apoio do movimento católico ligado aos sem-terra, a deslocar famílias para outras áreas, na tentativa de solucionar a crise social, que ganhava dimensão inesperada. Cerca de 250 famílias, em 1983, foram transferidas para Ronda Alta, ao norte do Rio Grande do Sul. Um fato novo então ocorreu. Representantes do governo e da Igreja ofereceram duas opções: assentamentos para trabalho individual e assentamentos para trabalho coletivo. Dez famílias optaram por trabalho coletivo numa área de 108ha, dando origem à Associação de Agricultores de Nova Ronda Alta. Na definição, os agricultores optaram pela propriedade coletiva da terra e dos demais meios de produção, reservando para uso particular de cada família um lote de apenas meio hectare. Para Vieira, "com base nas dimensões e nos fatores utilizados para análise, conclui-se que a configuração organizacional da AANRA é congruente com o modelo coletivista de organização".[16] Nossa vivência, em duração diferenciada, na comunidade de Nova Ronda Alta deixou a impressão de que a solução encontrada — modelo coletivista para 10 famílias assentadas em apenas 108ha — seria suficiente apenas para a geração inicial. Logo, novas necessidades, criadas pela expansão das famílias e pela incontida e diferenciada tendência para novos itens de qualidade de vida, acabariam por tornar a associação insuficiente.

A experiência dos PICs e a de Nova Ronda Alta, assim como os assentamentos da atual política de reforma agrária esbarraram no problema da insustentabilidade econômica da pequena propriedade. As principais variáveis a serem consideradas são as pequenas dimensões da terra que, se tra-

---

[15] Vieira, 1989.

[16] Ibid., p. 127.

balhadas com os métodos antigos de cultivo, não produzem o suficiente sequer para garantir a subsistência das famílias numerosas dos trabalhadores rurais. Por outro lado, a política de financiamento quase sempre resulta, pelas razões já apontadas, na tomada das terras pelos agentes financiadores ou num processo de endividamento irreversível. Somam-se ainda problemas ligados às variações climáticas e às condições de mercado.

O projeto de reforma agrária tem que ser revisto, pois a presente atualidade não comporta tratar os trabalhadores do campo de modo paternalista, da mesma forma que os operários excluídos pelo novo perfil tecnológico das indústrias não terão retorno com o simples aumento quantitativo da atividade industrial. O movimento dos sem-terra não é mais, apenas, representativo do secular conflito pela posse e uso da terra; é um movimento social que inclui excluídos urbanos e contingentes que ainda não participaram do mercado de trabalho. Todos, contudo, estão inabilitados para as novas oportunidades do mercado de trabalho; não são portadores de habilitações que os tornem capazes de produzir no campo ou na cidade. Daí a grande questão: o que fazer? Não há fórmulas políticas para amenizar o problema dos sem-trabalho, senão por meio de amplo programa de formação técnica, de planejamento familiar e distribuição racional da renda nacional. As políticas governamentais são muito mais voltadas para os interesses de sustentação do sistema econômico e financeiro globais do que propriamente para os programas sociais, particularmente de formação técnica e de racionalidade na reprodução humana. Enquanto não forem revertidas as tendências políticas elitistas e formuladas políticas que atuem nas causas dos problemas sociais, os movimentos populares, temáticos e associados, irão crescer e dimensionar os conflitos no campo e nos centros urbanos.

Outros movimentos temáticos ganham força na atualidade. São movimentos de minorias, que defendem culturas e iguais oportunidades. De grande expressão são também os movimentos contra a irracionalidade da guerra, qualquer que seja sua motivação. Muitas vezes esses movimentos se fundem em manifestações públicas de grande porte. Há claramente uma consciência popular da necessidade de manifestação coletiva sempre que direitos são suprimidos ou mascarados por conveniências políticas.

CAPÍTULO 15

A sociedade global: utopia e realidade

AS GRANDES TRANSFORMAÇÕES QUE OCORRERAM NA SOCIEDADE desenvolvida nos últimos 12 anos induzem a pensar numa utopia global realizada. A sociedade global seria uma realidade produzida e conduzida pela globalização da economia, seu pressuposto maior. Nela se inseririam como variáveis a produção multipolarizada, a concomitância de consumo de produtos globais, a cultura e a anticultura como fenômenos pessoais e coletivos transnacionais, os costumes e as manifestações dos desejos pessoais em todos os palcos do mundo, o crime organizado global e a riqueza, também global, produzida pela especulação financeira via recursos técnicos avançados. A sociedade global teria ainda como pressupostos as hegemonias e as dependências, as crises nacionais e, enfim, o bem e o mal. Mas serão efetivamente globais tais pressupostos? Não há como negar que, diante das tecnologias da informação, o mundo se tornou sem fronteiras, com os eventos econômicos, sociais e culturais circulando livremente pelas infovias. A instantaneidade dos fluxos da vida diária em trânsito pelo ciberespaço configura um mundo muito mais global do que o de poucas décadas atrás. O espaço e o tempo nos quais os eventos da sociedade ocorrem e se transmitem contraíram-se pela velocidade com que os fluxos da vida se irradiam pelo mundo. Os acontecimentos sociais, políticos, econômicos e militares de cada parte do mundo, da mesma forma que chegam a cada país pela imaterialidade da via cibernética e pela mídia, entram nas casas sem licença e, sob a forma de impulsos da percepção, alojam-se nas mentes e produzem análises, juízos de valores, condicionamentos intelectuais e modismos. Nesse sentido, a sociedade já é global; mas esse sentido é meramente informativo, podendo, contudo, produzir efeitos positivos ou negativos muito pontuados e restritos.

A sociedade global oferece um cenário de exclusão e protecionismo. Exclusão porque a riqueza global não é compartida com a maioria da população mundial; protecionismo porque os interesses dos países hegemônicos, fortemente protegidos, não se identificam com os da imensa maioria dos dependentes, pobres e miseráveis. A desigualdade, portanto, é o marco diferenciador da sociedade global na utopia e dramaticamente contrastante na realidade. As realidades locais estão muito distantes de algumas realidades globais. Há um distanciamento temporal na análise das realidades; coisas e fatos que não fazem mais sentido nos países de alto nível de desenvolvimento são realidades dramáticas na orla do capitalismo global. A luta de classes deixou de existir apenas na dialética ideológica global; nela, soa como algo de um passado que ficou nos registros da sociedade industrial. No entanto, nas realidades de muitos países ela é tão atual como antes, e também mal interpretada. No Brasil, particularmente, há um confronto de classes entre os proprietários da terra e os sem-terra. O debate político em torno dessa questão histórica e que se projeta sempre, nas sucessivas atualidades, com novas formas de luta está impregnado de alusões aos representantes do latifúndio, às elites dos campos, aos trabalhadores sem terra, explorados e oprimidos. Esse discurso ainda sobrevive, mesmo que nem todos os sem-terra sejam excluídos do campo. O atual movimento dos sem-terra no Brasil revela a face cruel da sociedade desigual, muito distante da utopia global de uma sociedade justa. Seus acampamentos encenam toda a dramaticidade das carências sociais, a triste realidade na qual sobrevivem crianças cujo principal aprendizado é a revolta e a violência da classe antagônica.

À realidade dos conflitos no campo soma-se outra realidade tão ou mais dramática, envolvendo contingentes populacionais que se contam aos milhões. É a dura realidade das favelas, das periferias metropolitanas, dos alagados, das margens dos rios, dos interiores distantes, onde a pobreza e a miséria se perpetuam na reprodução humana e no abandono social a que as pessoas estão relegadas. No Brasil, os marginalizados representam um terço da população; em outras realidades latino-americanas esse percentual é ainda maior. E a África, a Ásia e a Oceania, em que realidades estão? A África é o continente do atraso e do sofrimento humano; a Ásia, conquanto faça parte da riqueza global produzida, tem milhões de seres dominados pela tirania da pobreza e da incultura; e a Oceania soma mais alguns milhões à generalização das profundas desigualdades sociais no mundo global.

A percepção das realidades está condicionada à visão cultural de quem as vive ou de quem as analisa. No mundo da pobreza, os valores, os juízos e as aspirações estão limitados pelos ambientes cotidianos da tenaz luta pela sobrevivência. A vida se resume em preocupações materiais imediatas, como alimentação, moradia e algum tipo de assistência à saúde. Os ambientes da pobreza não contemplam possibilidades concretas de escape à má qualidade de vida e à própria má qualidade dos principais atributos adquiridos e desenvolvidos pelo ser humano. Em universos totalmente dissociados dos padrões morais e legais estabelecidos para o convívio social, as comunidades pobres em escala demográfica significativa constituem uma separação (*apartheid* ou guetos sociais). O maior contato com o mundo da lei e do ordenamento social quase sempre se dá pela via da violência, num efeito de ação e reação. Não há elo entre o mundo das comunidades pobres e a sociedade global rica e culturalmente avançada. Elas (as comunidades pobres) são, na visão externa do mundo desenvolvido, algo exótico, produto para programas assistenciais e teses acadêmicas. No interior desses mundos marginalizados não há exotismos, mas realidades duras, que se reproduzem a cada nova geração, alimentando um processo histórico de pobreza expandida. Tome-se, por exemplo, o número de favelas do Rio de Janeiro nos últimos 50 anos. De poucas favelas nos morros da encantadora paisagem carioca nos anos 1950 chegou-se, no presente, a um grau de ocupação quase total dos morros, baixios alagadiços e ambientes públicos de pontes e similares. Os moradores de favelas e vilas pobres alcançam hoje praticamente a metade da população do Rio de Janeiro.

A sociedade global pode ser entendida de duas formas: a globalização da riqueza e da cultura, e a globalização da pobreza e da incultura. Na primeira, pode-se dizer que a utopia global se realizou. A riqueza da produção, da acumulação de capital e do alto padrão de vida ocorreu em várias partes do mundo. A União Européia incorporou países de baixa produção e baixo padrão de vida num processo que tem dado resultados satisfatórios em termos econômicos. A integração regional permitiu melhorar o nível de renda e emprego, ampliar o mercado de consumo e criar condições para uma nova dimensão cultural. A integração regional possibilitou o acesso a mercados globais em condições que talvez não se realizassem se tentada isoladamente. Nessa visão de globalidade, na qual não se inclui necessariamente a dimensão holística do mundo, as desigualdades podem ser minimizadas pelo conjunto das relações multinacionais. A idéia de que o global é mundial está equivocada. Global pode ser um conjunto de fluxos econômicos, sociais e culturais em áreas de integração de interesses. Nesse caso, pode-se falar de uma sociedade global, com utopias realizadas. Em se tratando, contudo, de global no sentido de mundialização das práticas e dos interesses, a sociedade global passa a ser uma utopia não realizada. Assim, a riqueza e a cultura, as técnicas e a informação podem caracterizar um mundo de novas realidades, onde o global e o nacional se realizam de forma harmônica e de mútua conveniência. A Ásia é particularmente associada a essa idéia de sociedade global. Em algumas áreas, o novo, a modernidade e a pós-modernidade se ergueram na arquitetura, nos costumes, no padrão de vida, no desenvolvimento cultural, técnico e científico. Trata-se de um mundo asiático apartado do outro mundo asiático, o da pobreza, do atraso cultural e do misticismo religioso. O mundo asiático pós-moderno é global como a União Européia, como os Estados Unidos, como o Canadá, onde se pode caracterizar uma sociedade avançada.

Há algumas décadas houve um forte movimento para tratar das questões dos países subdesenvolvidos, sob a bandeira da Conferência dos Países Não-alinhados. A conferência tornou-se uma tribuna, à qual se dirigiam líderes carismáticos dos países dependentes em busca de solução para os crônicos e históricos cenários da desigualdade social interna e das desigualdades nos sistemas de trocas internacionais. O fim da bipolaridade pôs fim também aos movimentos dos não-aliados, e a dialética da neutralidade viu-se, de repente, sem sentido. O neoliberalismo, a unipolaridade político-ideológica, a economia global e o agravamento da dependência levaram à criação de outros fóruns de debates, uns de defesa da nova economia e outros contrastantes ao modelo econômico prevalente.

A pobreza e a incultura se colocam muito mais nos cenários de conseqüências produzidas pelos modelos econômicos e políticos vividos do que propriamente na nova ordem econômica. Desta, pode-se tirar um quadro de agravamento do empobrecimento global. A relação de interesses entre países nunca produziu, de maneira duradoura, vínculos fortes entre os que têm pouco e os que não têm nada. Mesmo porque os países pobres do mundo estão muito mais ligados (e dependentes) aos países ricos do que entre eles próprios. A globalização da pobreza e da incultura é apenas um traço da subjetividade social delineado pela dialética de oposição à estrutura e à organização da sociedade hegemônica. Assim como, entre os países bem-sucedidos, há escalas de gradação para a riqueza, há também diferenças de escala para a pobreza. A África negra está abaixo da escala da pobreza, situando-se num patamar de miséria e incultura praticamente absolutas. Portanto, não se pode falar em sociedade global no sentido mundial, mas apenas no sentido de realidades globais e realidades locais. Essas podem ser em nível de países, regiões ou continentes. A América Central é um exemplo de pobreza histórica, o mesmo valendo para a maior parte dos países do continente sul-americano.

O fortalecimento da classe média conduziria ao fortalecimento das sociedades nacionais da América Central e Caribe e da América do Sul, pois representaria maior poder de compra e de elevação dos níveis de produção. Mas acontece exatamente o contrário; é a classe média que recebe o impacto maior da carga tributária, da recessão econômica e da deterioração da qualidade de vida. O resultado é o pauperismo de grandes contingentes que até há pouco desfrutavam de razoável padrão de vida e que se vêem forçados à mudança de hábitos e à perda de *status*. Contrariamente a todo o brilho das conquistas tecnológicas, aos saltos notáveis da ciência e à gigantesca produção da riqueza, as populações de muitos países da orla capitalista estão em processo regressivo.

Nos países desenvolvidos da União Européia, nos Estados Unidos e no Canadá, a classe média goza de grande estabilidade. A era industrial e a sociedade de consumo tiveram nos Estados Unidos sua identificação maior. Produzir e consumir, independentemente das necessidades substantivas, foi o ideal de um modo de vida. A superexposição e os condicionamentos psicológicos em relação a produtos novos criaram uma ânsia de consumo que acabou por caracterizar a sociedade de consumo como a sociedade do desperdício.

A era pós-industrial está mudando o perfil consumista da sociedade. A classe média dos países da periferia capitalista está encolhendo e a dos países desenvolvidos está mais seletiva. Por outro lado, deve-se considerar a mudança no processo de produção. De uma produção mais diferenciada passou-se, na era global, a uma produção padronizada de origem multipolar e que chega rapidamente aos grandes centros de consumo. Essa tipologia produtiva atende a mercados de alta rotatividade e atinge as faixas da classe média, da média para baixo. É o segmento do grande consumo global. A classe média alta e a classe alta consomem com mais seletividade, aproximando-se dos padrões da classe média dos países desenvolvidos. A internet introduziu nova forma de consumo. Produtores e consumidores se encontram no espaço virtual e global; na verdade, um espaço de transnacionalidade para a satisfação de desejos de consumo. Esse mercado global e virtual é mais individual, estando a individualidade presente no desejo, no meio de ação e na relação com o fornecedor. É, na verdade, o oposto dos grandes centros de compras, de diferentes formatos, e que concentram o coletivo de consumidores.

A sociedade global, pós-industrial, da produção e do consumo é uma utopia realizada. Quando se fala em sociedade pós-industrial está-se referindo, como já se disse, ao conjunto de mudanças promovidas pelo avanço das tecnologias, da gestão organizacional e dos costumes. Todas essas variáveis, consideradas no desenvolvimento da sociedade, tiveram uma ação interativa na moldagem da nova sociedade que começou a emergir a partir dos anos 1990. Todavia, é bom recordar que as projeções para uma sociedade pós-industrial datam de 1914, em pleno esplendor da era industrial, feitas por um militante socialista inglês de nome Arthur J. Penty num ensaio de nome *Essays in post-industrialism.* Em 1969, Alain Touraine publicou o livro *La société post-industrielle*; mas o estudo que mais marcou o uso da expressão pós-industrialização foi o de Daniel Bell, intitulado *The coming of post-industrial society*, de 1973. Em todos os estudos que antecederam a era pós-industrial foram levantadas questões de ordem social, econômica e política. Talvez o não esperado tenha sido a ruptura tecnológica quase imediata com a era industrial. As novas tecnologias eletrônicas não só superaram rapidamente as tecnologias mecânicas ou as subordinaram aos seus comandos, como estabeleceram um novo contexto de produção, de relações de produção, de consumo e de mercados a partir dos anos 1990.

É difícil dimensionar até que ponto a globalização da economia corresponde a uma sociedade global no sentido amplo. Há muita discussão acadêmica, incluindo análises sobre a introdução de uma nova globalização, como a de Milton Santos.[17] Para ele, é preciso considerar três mundos num só: "o primeiro seria o mundo tal como nos fazem vê-lo: a globalização como fábula; o segundo seria o mundo tal como ele é: a globalização como perversidade; e o terceiro, o mundo como ele pode ser: uma outra globalização".

A economia globalizada é uma realidade de resultado na evolução e nas transformações do capitalismo, pelo que não poderia ter outro contexto; a ela se podem creditar os primeiros anúncios da sociedade global, com suas utopias e realidades.

[17] Santos, 2000:18.

O tempo no qual a sociedade global poderá atingir um espectro amplo em todos os continentes e países e em toda a população do planeta é ainda uma cogitação utópica, de futuro, não havendo inclusive a certeza de que isso venha a ocorrer algum dia. Há profundas diferenças no processo de desenvolvimento da sociedade humana que talvez não possam ser superadas num tempo estimado. Não é lógico, por outro lado, esperar que ocorra uma ruptura drástica no processo de evolução da economia global, pelo menos o suficiente para descaracterizar completamente o atual modelo de produção e de relações de produção. Nos próximos decênios a sociedade global poderá até deixar de ser centrada no capital, porém será sempre uma sociedade de iniciativas individuais, embora codificadas em interesses coletivos.

CAPÍTULO 16

O paradigma cultural: a qualificação do sujeito

NAS PRÓXIMAS DÉCADAS DO SÉCULO XXI a educação será o paradigma primordial. O sujeito, individual e social, só romperá os grilhões da pobreza hereditária, da pobreza por exclusão social e da pobreza pela reprodução irracional se tiver diante de si oportunidades de educação profissional, média e superior que lhe dêem possibilidades concretas de corresponder ao novo perfil do trabalho. Mesmo os países-centros da economia global têm interesse na elevação cultural e técnica das empobrecidas populações da América Latina, da África e de grande parte da Ásia. O crescimento da produção nos países hegemônicos e nos lugares-globais, implementado pelas grandes corporações multinacionais, é indispensável à manutenção da riqueza econômica, do poder político e da força militar, fatores principais de dominação no cenário mundial. Mas o crescimento econômico dos países ricos depende não só dos mercados internos como, principalmente, do poder de consumo das imensas multidões que povoam a periferia do sistema capitalista. A elevação do poder de consumo de parte desse grande contingente humano abrirá possibilidades sem limites à produção de bens na escala global. Pode-se estimar que uma elevação nos padrões de renda *per capita* entre US$3 mil e US$4.500, dos mais de 2,3 bilhões de pobres do mundo, representaria um acréscimo bastante significativo de novos consumidores globais. Os países-centros da ação econômica global concentram grande parte da riqueza produzida no mundo, portanto a expansão do consumo é de interesse maior.

A alta concentração de renda não só nos países ricos como também nos próprios países pobres é um impeditivo à inserção de parcelas significativas do contingente humano mundial em padrões de vida decentes. Em termos globais, a concentração de renda nos Estados Unidos apresenta altos índices: em 1990, 1% da população concentrava mais de 36% da riqueza.[18] As megafusões de gigantescas corporações multinacionais aumentaram a tendência à concentração de renda. Empresas e pequenos grupos de pessoas concentram riqueza superior ao PIB de inúmeros países, onde vivem mais de 500 milhões de pessoas. Um informe do Pnud de 1999 revela que mais de 1,3 bilhão de pessoas, dominadas pela pobreza, vive com menos de US$1 diário.

Embora se intensifique a discussão em torno dos padrões globais, das hegemonias, dos protecionismos, das assimetrias e desigualdades não é de se esperar mudanças radicais na disputa entre o poder dos países ricos e as aspirações dos países pobres. A submissão dos pobres continuará, em função das variáveis da dependência: a financeira, a tecnológica e a de mercado. Os fóruns internacionais têm discutido, com crescente intensidade, o problema da riqueza e da pobreza no mundo. Há duas considerações importantes no debate: as migrações e a expansão do consumo. A primeira traz preocupações culturais e de segurança; a segunda é indispensável ao crescimento econômico.

Um grande paradoxo na atualidade é a condição contraditória entre a riqueza natural de muitos países e a pobreza de suas populações. São países ricos, com imensos recursos naturais, grandes possibilidades agrícolas e industriais, e, mesmo assim, os índices de pobreza das populações são significativos. A Venezuela é a quarta produtora de petróleo do mundo — portanto, um país rico num recurso natural de grande importância na economia global — e, paradoxalmente, tem uma das populações mais pobres da América Latina. A Argentina é rica em petróleo, em produção de trigo, milho e soja, em produção de carnes selecionadas e mesmo assim enfrenta grave crise social. No Brasil, um continente de riquezas, um terço da população se encontra na linha de pobreza, o que equivale a quase 60 milhões de pessoas. A grande riqueza mineral e agrícola de vários países da América Latina e do Caribe não os livrou da pobreza histórica, o mesmo acontecendo

[18] Dados do Pnud para 1999.

na África rica em petróleo, diamantes, terras raras, enfim, um vasto continente com países de grandes riquezas naturais e, mesmo assim, com populações em condição de extrema pobreza.

Ora, se a riqueza natural não serviu de suporte para resgatar da pobreza imensas parcelas da população mundial, o que, afinal, identifica o determinante principal da pobreza e do atraso cultural? Sem dúvida, a educação e, com ela, o nível de formação profissional e cultural. Esse o grande diferencial entre a colonização da América do Norte e da América Latina. Os latinos receberam a herança da ética católica, de submissão, e o domínio do colonialismo de exploração por séculos. A exploração se impôs à colonização, ou, em outras palavras, a colonização ficou a serviço da exploração. Submissão e exploração foram os atributos principais da carga histórica que se plasmou na América Latina, e que perdurou por tempo demasiado. As colônias norte-americanas, ao contrário, logo se sublevaram, estabelecendo uma união de estados e uma Constituição republicana, na qual não só os princípios da liberdade, igualdade e fraternidade foram observados, como também a preocupação com a elevação material dos colonos, pioneiros e aventureiros que se estabeleceram no Leste, penetraram no Oeste e mais tarde avançaram para o Sul. O ideal de atingir uma condição material, individual ou coletiva, passava no núcleo familiar com a preocupação da educação das novas gerações. Tratou-se, na verdade, de um processo de colonização e, não, de colonialismo, como ocorreu ao sul do rio Grande. A diferença entre os dois processos civilizadores foi enorme. De um lado, a construção de uma nova sociedade, rica materialmente, livre politicamente e educada para o futuro. Nada interrompeu esse processo de liberdade política e econômica que alcançou o século XIX identificado numa grande, democrática e poderosa nação. Os Estados Unidos foram o principal produto nacional da ideologia colonizadora do norte das Américas, tornando-se um sucesso histórico. O ser individual e coletivo, emancipado desde cedo do dirigismo de origem, rompendo raízes nacionais seculares para desenvolver as novas raízes de uma nacionalidade por ele próprio construída, estabeleceria uma diferença histórica que hoje repercute no grau de desenvolvimento atingido pelas duas Américas, e que tanto as diferencia. Os Estados Unidos tiveram sempre uma identidade própria, construindo sua sociedade à imagem e à semelhança dos colonizadores independentes, baseados numa ética religiosa que deu sustentação à nova ideologia de vida que se estabelecia ao norte do rio Grande. Na América Latina ficaram os vice-reis, os códigos de conduta, enfim a nacionalidade portuguesa ou espanhola, por longos séculos; só muito mais tarde é que os esforços de Simon Bolívar para criar as formas políticas de independência de várias partes do império colonial espanhol motivariam as lutas pela liberdade que varreriam os domínios da Espanha. Do lado do Atlântico, a independência chegaria muito tarde, só em 1822, e ainda assim com cortes montadas, estruturadas e dinamizadas à moda portuguesa. Portugal, Espanha, Inglaterra e Estados Unidos representariam a sucessão de domínios sobre as antigas colônias, de acordo com a maior ou a menor influência que esses países exerciam nas antigas metrópoles. Pode-se, portanto, resumir a diferença entre o que aconteceu na América do Norte e na América do Sul e no Caribe com a identificação histórica de ser ou não ser colônia. Essa condição se refletiria inexoravelmente na estrutura sociológica do sujeito, o ser individual e coletivo.

O sujeito latino-americano é produto do colonialismo, e a sociedade que ele representa também o é. Esse sujeito não foi moldado por princípios éticos de convívio social e religioso num contexto histórico de independência, de valores telúricos com a terra e com uma instituição política que tivesse sido resultado de sua ação direta. Ao contrário, ele representou durante séculos a ordem, os costumes e os interesses que estavam distantes e aos quais se sujeitava em nome da submissão a que fora levado, e que se tornaria hereditária, pela estrutura político-religiosa. O sujeito individual ou era um elitista que alimentava seus interesses pessoais na ordem colonial ou era um escravo levado à servidão pelo conluio régio-religioso. O ser social portou-se segundo as mesmas regras. Era, de um lado, o ator principal da sociedade superior, patrão, membro da corte e defensor da ordem pública, compondo a classe social que abriu espaço a uma das mais conservadoras, dominantes e beneficiárias elites da era colonial. Essa condição perdurou no tempo, mantendo-se após a independência e a formação dos Estados nacionais latino-americanos.

As elites rurais assumiram as repúblicas de origem espanhola e o império do Brasil, e logo assumiriam a república brasileira. Mantiveram-se intactas até o fim da República Velha. A revolução de 1930 trouxe novos personagens ao limbo da história republicana, mudando os costumes, as regras sociais e as relações de trabalho. O processo de industrialização, intensificado com novas tecnologias após o conflito mundial de 1939-45, projetou no cenário brasileiro uma classe social que já vinha ocupando espaço com a progressão desse processo desde o início do século XX. A criação e o fortalecimento dos sindicatos marcariam profundamente o perfil do novo sujeito que surgia nas plantas fabris. Concomitantemente, a educação foi se ampliando e qualificando uma parte crescente da classe média urbana. No início dos anos 1970, a meta governamental era atingir 1 milhão de matrículas nos cursos superiores, um marco importante na preparação de mão-de-obra qualificada para o setor industrial e também para os serviços autônomos que acompanhavam os avanços tecnológicos. O sujeito individual, representativo da classe média, tornou-se um consumista da era industrial. O sujeito individual operário conseguia sobreviver numa sociedade de classes fortemente delineada. O sujeito individual, no contexto da pobreza, foi erguendo as favelas, os bairros e vilas pobres, multiplicando-se na irracionalidade da miséria, da pobreza e da incultura. O sujeito social, nas diferentes classes, alimentava os conflitos na sociedade, apoiado ou nas elites instituídas em órgãos de defesa de interesses, ou ainda na política e na Igreja; na outra face da estrutura social, os trabalhadores se apoiavam nos sindicatos. Tem-se, assim, a contradição de comportamento na dimensão sociedade: o sujeito beneficiário das relações econômicas no campo, nas empresas e na política, de um lado, e, de outro, o sujeito contraposto, o que luta contra a desigualdade na distribuição da riqueza, dos benefícios sociais, e que investe na participação política; ambos se enfrentaram duramente ao longo da segunda metade do século XX.

Mesmo com a nova ordem mundial a partir dos anos 1990 o sujeito latino-americano continuou sua dicotomia social, mas agora com novas caracterizações. O mundo pós-industrial fragmentou tudo, "da personalidade individual à vida social".[19] O sujeito elitista continua firme em sua posição social; o sujeito classe média empobreceu em muitas realidades, a exemplo do que ocorre na Argentina; em outras manteve-se em limites mais elásticos e, no Brasil, subiu aos morros, ampliou as vilas pobres, mas uma parte também, é verdade, conseguiu sustentar-se via processo educacional. Por outro lado, pela mesma via da educação, contingentes das classes pobres foram gradativamente ascendendo à classe média, num fenômeno de mobilidade social. Nas sociedades subdesenvolvidas, para usar o termo que ainda melhor caracteriza as diferenças econômicas e sociais entre países e sociedades, o trânsito social, principalmente na era da intensificação do conhecimento, é um fenômeno de grande relevo sociológico e que assume lugar de destaque nas ciências sociais. A era pós-moderna trouxe realmente a fragmentação do sujeito individual e do sujeito social. Ambos

[19] Touraine, 1999:203.

compõem, na presente atualidade, um novo campo de disputas sociais e de novos comportamentos dirigidos à realidade.

O funcionamento da sociedade mudou e, com ele, a funcionalidade das novas relações sociais. A mudança conduziu a uma intensificação da mobilidade social, tanto por parte dos amplos contingentes de desempregados, quanto das gerações que se encaminham para o mercado de trabalho. A era pós-industrial produziu no Brasil, no curto espaço de uma década, mais de 2 milhões de desempregados somente no grande centro de negócios que é São Paulo. Boa parte desse contingente teve mobilidade negativa, descendo na escala social, enquanto outra procurou, por meio da educação e da formação profissional, alcançar um trânsito positivo. Mas foi com as gerações pós-era industrial que ocorreu um fenômeno social que certamente irá repercutir nas próximas décadas. A conscientização de que a presente atualidade e as próximas só contemplarão os que tiverem algum tipo de formação técnica de nível médio ou então os portadores de títulos acadêmicos, particularmente os de pós-graduação. Outras modalidades de complementação de estudos, na passagem de uma formação terminal para outra permanente, como os cursos multidisciplinares — uma forma de pluralismo cultural —, contribuirão também decisivamente para a nova sociedade, a sociedade do conhecimento e da cultura.

Pode-se trabalhar analiticamente com a possibilidade concreta de uma mudança radical no perfil do sujeito individual e sua inserção na sociedade como ator social, ou seja, como sujeito social. Em 1960, os estudantes de nível superior no Brasil eram 95.691; em 1994, esse número saltou para 1.661.034; em 1998, as matrículas no ensino superior alcançaram 2.125.958; e em 2003, chegaram a 3,5 milhões.[20] Mesmo com tais avanços e considerando a extraordinária expansão da rede privada de instituições de ensino superior, a taxa de escolaridade superior no Brasil é ainda muito baixa, como já assinalado. A mobilidade social positiva das próximas gerações dependerá de novos e vultosos investimentos em educação, capazes de duplicar, triplicar ou mais as matrículas no ensino superior. A expansão da rede pública e privada com qualidade nos diferentes níveis que formam o sistema educacional, independentemente das prioridades, pois o sistema deve funcionar como um todo, certamente se constituirá no mais importante instrumento para a nova tipologia do sujeito individual e social.

[20] Segundo o MEC/Inep.

A educação e a elevação cultural balizarão a sociedade do século XXI. Não há como esperar uma sociedade de relações na qual os valores e significados não estejam firmemente ancorados na educação. Em todos os segmentos do mercado de trabalho, a exigência mínima será a formação de nível médio, preferentemente profissional. Os melhores postos estarão disponíveis para portadores de cursos superiores e, particularmente, para os altamente especializados, com mestrado e/ou doutorado. É crescente o número de estudantes de cursos de mestrado e doutorado; somente nos MBAs as matrículas atingiam cerca de 250 mil em 2002, número que deverá crescer sensivelmente nos próximos anos. Se o Brasil e os demais países latino-americanos investirem pesadamente em educação certamente o sujeito se qualificará e com ele a sociedade como um todo. Não há melhor projeto para a recuperação do atraso cultural, para o resgate da pobreza histórica e para a qualificação do sujeito nacional do que o centrado na educação, na pesquisa e no desenvolvimento cultural. Cada país será resultado de seus investimentos em educação. Populações qualificadas produzem desdobramentos importantes no setor econômico, nas relações sociais, e conscientizam todos os segmentos nacionais da importância do fortalecimento da grandeza nacional num mundo de relações globais. O Estado nacional não pode significar uma grandeza global apenas para os países hegemônicos; deve igualmente representar um vetor de força global da periferia para o centro do sistema econômico mundial.

No Brasil vive-se um ambiente de ensino superior público marcado por uma drástica seleção de entrada, que se ajusta dramaticamente à insuficiência de investimentos no sistema superior de educação pública. Dos 3,5 milhões de jovens matriculados no ensino superior, apenas 15% freqüentam as instituições federais de ensino superior. A análise quantitativa da educação superior sempre leva à política de exaltação de avanços, porém quase sempre os resultados são pífios. O que realmente fará a diferença será um grande plano de ação política que permita alocar recursos substanciais ao financiamento da educação e da pesquisa. A ampliação da rede pública de instituições de ensino superior será a base para permitir o acesso à universidade da juventude pobre e sem possibilidades de arcar com as despesas no ensino superior privado.

O atual programa de financiamento da educação superior do governo federal para alunos carentes em universidades privadas é uma ofensa à justiça social. O governo federal, por meio de suas agências para o aperfeiçoamento do pessoal de nível superior em programas de pós-graduação, concede bolsas não-reembolsáveis, incluindo professores universitários. Contudo, para os pobres que desejam alcançar o nível superior e que não conseguem ingressar numa universidade pública, aplica-se um injusto programa de financiamento. Ora, se a educação é prioridade para se formar um sujeito individual e social de qualidade, tudo o que deve ser feito é garantir a todos as mesmas oportunidades para que após a qualificação pessoal cada um possa, livremente, e de acordo com cada competência, construir sua própria diferença. O programa, ao contrário, deveria fornecer bolsas gratuitas, libertando os jovens de condição social pobre da indignidade de um processo de endividamento na própria formação e, o que é pior, patrocinado pelo Estado. Se a formação do sujeito é individual, o serviço que irá prestar tem caráter social e será social também a sua passagem da dimensão individual para o coletivo da sociedade. Formado, sem emprego, ou com emprego de baixo salário, e auto-endividado pela necessidade de educar-se, o jovem vê-se diante de uma prática de injustiça pública. Portanto, é de esperar-se que a educação se desvincule de planos discriminatórios e se abra amplamente a todos os segmentos da sociedade, transformando o perfil do sujeito individual e social.

O cenário do futuro será dominado pelas incertezas. Isso não significa uma atitude negativa em relação ao futuro, mas é preciso considerar que o mundo das certezas está acabando. Será preciso, portanto, estar preparado para enfrentar as incertezas que a evolução científica, tecnológica e dos costumes colocará permanentemente diante da juventude. As novas gerações terão um tempo de vida maior, e essa é uma situação que por si só conduz a fases de mudanças mais repetidas, em termos tanto de relações sociais quanto de concepções individuais. A certeza, na ordem social como no conhecimento científico, transformou-se em possibilidade, probabilidade, transição, enfim, evolução permanente. Uma teoria científica tem cada vez menos tempo de permanência, pois a própria ciência de fronteira acaba por refutá-la ou complementá-la em períodos de tempo cada vez menores. Portanto, tudo o que se passa na ciência, na tecnologia, no conhecimento em geral, na organização da sociedade e nas relações sociais é tempo de incerteza, é um novo mundo onde tudo transita, nada é terminal e permanente por longo tempo. Por isso é que a educação deve mudar seu foco, deixando de ser terminal para se tornar um processo permanente. Além da formação específica, é indispensável ter uma formação plural, multidisciplinar, necessária ao melhor entendimento das novas realidades e das incertezas que delas se projetam.

Todo sujeito é cultural. Retrata sempre uma condição de cultura adquirida e outra de cultura construída. Cada sujeito reproduz de imediato a cultura hereditária, aquela que lhe é transmitida pela família e pelo ambiente social onde inicia sua formação. Os ambientes culturais, em todos os continentes, têm muitas variantes, desde a cultura histórica, rica em simbologia da tradição passada, até a cultura do presente, carregada de signos da tecnologia e da ciência. A condição social do sujeito incorpora a cultura dos ambientes habitacionais, principalmente na atualidade, quando as desigualdades sociais criam guetos, favelas, vilas e outras modalidades de assentamento humano em condições de baixa cultura. Sair desses ambientes culturais herdados e impostos e percorrer o caminho da educação é construir uma cultura própria que logo será retransmitida às novas gerações. Em cada ambiente cultural se desenvolvem padrões de conduta que refletem a moral do comportamento humano, a moral do sujeito indivíduo e a moral do sujeito coletivo, aquela que representa os códigos de conduta estabelecidos. As desigualdades sociais e as desigualdades culturais condicionam práticas de uma moralidade contrastante entre grupos sociais. Muitas vezes as diferenças são produto de temporalidades históricas, da experiência histórico-social, como são as encontradas em amplas comunidades nacionais afastadas dos focos de desenvolvimento.

Em toda a América Latina há uma nítida caracterização cultural diferenciada entre as faixas oceânicas e os interiores. No Brasil, a civilização urbana, carregada de práticas políticas, econômicas e sociais, foi historicamente construída em estreita faixa litorânea atlântica. O interior representava até poucos anos atrás o mundo do passado, da cultura primitiva e das práticas morais retardatárias. As mudanças culturais no imenso interior do Brasil tiveram como marco fundamental Brasília, a capital construída no planalto central (1956-61). Brasília, como novo centro urbano político e pólo da administração pública federal, de concepção arquitetônica pós-moderna, foi rapidamente se transformando em centro irradiador do desenvolvimento para as fronteiras dos campos, do cerrado e de um cenário natural sem processo cultural ou de cultura muito atrasada. Na última década do século XX, Palmas, a capital do estado do Tocantins, começou a se erguer em área de domínio do cerrado. A cidade de Palmas representa uma nova concepção urbana, de cidade programada, tornando-se, em curta existência, um marco de desenvolvimento numa região marcada pelas distâncias e pelo retardamento histórico-social.

Essas realidades latino-americanas, particularmente, com componentes naturais e étnicos, esses cenários de profundas miscigenações, como ocorreu no Brasil, ou de predomínio de etnias nativas, como em muitos países da América do Pacífico, construíram as bases culturais sobre as quais se assentam as diversas nacionalidades da América do Sul e do Caribe. As bases culturais nativas são de baixa dinâmica evolutiva, algumas pela destruição a que foram submetidas no processo colonizador e outras pelo endemismo e primitivismo histórico-social. As grandes correntes migratórias originárias de culturas européias iriam modificar profundamente a dinâmica da evolução cultural. No Brasil, em especial no sudeste e no extremo sul, e na Argentina, as cunhas culturais européias foram decisivas para as novas práticas produtivas, as novas relações sociais e os novos padrões culturais. As formulações éticas que orientam os comportamentos humanos e que resultam em práticas morais, de costumes e relações ganham novas concepções e passam a exercer influência no perfil do sujeito individual e social.

A diversidade de culturas, de influências de culturas e as miscigenações culturais produziram ambientes de relativismo ético. São maneiras diferentes de se conceituar e às vezes praticar a moral, de julgar os atos individuais e sociais e, não raro, de isolar no interior da sociedade padrões de comportamento ditados pelas realidades pontuais. Contudo, o relativismo ético se harmoniza com as regras e normas sociais estabelecidas, salvo nas sociedades paralelas da pobreza e do crime, quando associadas, como na periferia dos grandes centros urbanos, e que se rebelam contra a sociedade organizada. Nessa variável conjugada da pobreza e do crime, o sujeito se desestrutura, rompe com os condicionamentos familiares e se revolta contra a ordem social. A linha que separa o mundo dos excluídos e o mundo do crime é muito tênue, sendo ultrapassada sempre que a revolta interior fica fora de controle. Ser bom ou mau em contextos de forte desigualdade social, de exclusão e discriminação é um estado psicológico e social sustentado pela capacidade de cada um de resolver seus próprios conflitos interiores.

O sujeito social crescerá em ação na coletividade do século XXI. Ele será o principal agente dos movimentos sociais, na medida em que as diferenças de classes passem a ser apenas diferenças de categorias sociais, delineadas por conjuntos de diversidade. A diversidade, construída após o usufruto das mesmas oportunidades, terá como representatividade social o sujeito cultural e economicamente diferenciado. A ruptura no esquema ideológico de classes sociais corresponderá à ruptura da cosmovisão religiosa, a partir da Idade Média, e que resultou na secularização e na conseqüente destruição do *servum arbitrium.* Contudo, ainda estamos longe de uma realidade na qual os movimentos sociais possam ser considerados substitutos ideológicos das classes sociais. A pós-modernidade não teve ainda essa força de substituição em virtude das chocantes desigualdades sociais, principalmente nos países da orla capitalista, onde se situa a maior parte da população do planeta. Pode-se considerar a harmonização social em alguns países da União Européia, no Canadá e nos Estados Unidos, descartando-se, neles, o problema das populações de migrantes, quase sempre pobres e etnicamente diferenciadas, e por isso mesmo renegadas. Os movimentos sociais tão freqüentes na União Européia e nos Estados Unidos contra a globalização e a inobservância dos direitos humanos, além de outras temáticas da atualidade, estão bem distantes dos antigos movimentos que representavam especificamente conflitos de classes sociais. Mas é preciso ter sempre presente a grande diferença no âmbito da análise sociológica: o mundo desenvolvido e o mundo subdesenvolvido ainda são contrastantes, apesar dos eufemismos políticos e das hipocrisias comparativas.

A dialética de esquerda nos países periféricos e dependentes é ainda nitidamente apelativa à luta de classes sociais. O movimento dos sem-terra no Brasil, com apoio de correntes sindicais, políticas e religiosas, é um confronto com os proprietários de terras, tidos como a elite do campo, os latifundiários, os proprietários dos meios de produção rural, e outras palavras e expressões de ordem. Trata-se, portanto, a um só tempo, de um movimento social e de uma forma de luta de classes. É inegável também, como já analisado anteriormente, que os conflitos sociais, sob a forma de lutas de classes, estão em franco declínio, a partir do enfraquecimento da organização sindical e, notadamente, das mudanças introduzidas pelas tecnologias nos perfis da indústria. Portanto, há uma transição de formas de atuação dos movimentos sociais com tendência à independência de vinculações com organizações eminentemente classistas.

O sujeito social vive um contexto de perplexidade numa atualidade dominada por diversas crises. Mesmo os países mais desenvolvidos estão às voltas com manifestações sociais contra a globalização, o desemprego e o problema das migrações. Na periferia sistêmica do capitalismo, as crises assumem dimensões inauditas. Estruturas sociais a um passo do desequilíbrio não têm resistido às pressões especulativas de um capitalismo voltado para a maximização dos lucros via sistema financeiro. O processo de endividamento é usado para desestruturar as economias nacionais e, com isso, facilitar a dominação dos bens produtivos, dos mercados de consumo e da vida política. Há uma consciência no sujeito de que a sociedade não é apenas a organização econômica global, de que há outros valores, nacionais, individuais e coletivos. A economia global, ao afetar diretamente os modos de vida das pessoas, cria sentimentos contrários, apoiados nas realidades nuas do desemprego, da redução salarial, da exclusão social, da violência urbana e das perdas dos controles internos e das próprias soberanias nacionais. O sujeito social reage às incongruências do mundo em conflito. Reage contra a guerra, a ocupação indevida de territórios nacionais, contra os pretextos para invasões, contra o desrespeito aos direitos nacionais, aos direitos humanos e à preservação do meio ambiente. A nação mais poderosa do mundo pratica um estilo de democracia soberba, arrogante e desafiadora das leis internacionais. Exerce o poder econômico e militar em benefício próprio, julgando a seu talante e acima da consciência mundial o bem e o mal. Estabelece eixos para o mal e agride inescrupulosamente quem não se submete a sua vontade. É um poder acima da Organização das Nações Unidas, dos tribunais internacionais, dos acordos e alianças políticas e de defesa estratégica. Ela age no cenário mundial com voz e vontade próprias, amparada numa estrutura econômica poderosa, e por vezes corrupta, e num poder militar sem competidor. Os Estados Unidos vêm se distanciando rapidamente dos ideais de democracia amparados no direito, na convivência pacífica entre as nacionalidades, na lisura das práticas econômicas e na grandeza nacional. A história registra civilizações e impérios que floresceram e declinaram mais por suas próprias virtudes e pecados do que por ação externa direta. O império romano corrompeu-se internamente, enfraquecendo sua base de sustentação à expansão e ao domínio externo. O poder nazista esgotou-se com a ambição interna de domínio racial. O império soviético desmoronou pela perda de energia interna. Os Estados Unidos hoje representam um império global ancorado no complexo industrial-militar, no mercado financeiro e no controle das dívidas públicas dos países dependentes. O sistema nacional norte-americano, dominado pela ânsia de hegemonia internacional, acaba por sofrer dois tipos de entropia: interna, pela perda dos valores representativos da grandeza nacional, e externa, pela reação à soberba e à dominação das vontades.

Nesse contexto, é certo que o sujeito individual passa por grande mudança de comportamento. Numa sociedade individualista, de grande disputa por espaços profissionais e de valores históricos em processo de contestação, o sujeito vê-se dominado por incertezas onde, anteriormente, só existiam certezas. A confiança nas bases da cultura econômica que tem levado os norte-americanos a investir suas poupanças nos ritos da economia vem sendo abalada pela corrupção sistêmica de um capitalismo sem controle. Escândalos financeiros, maquiagens contábeis, fusões suspeitas ganham notoriedade, colocando em alerta a imagem do capitalismo norte-americano, líder inconteste da economia global. Ora, a sociedade do capital, da economia privada, do mercado e da competição levada ao extremo sofre, na dimensão do sujeito individual e coletivo, as assimetrias da ordem social, quando, nos fundamentos econômicos, transparecem práticas antes só atribuídas ao crime organizado. O sujeito individual vê-se abalado pela resposta que deve dar à iminência da morte em guerras e conflitos que ele não entende muito bem, ao mundo das drogas e à implacável competição pelo espaço profissional. Essas contingências do sujeito individual transmitem-se à dimensão do sujeito social, o ser coletivo que carrega em seus ombros o peso da organização da sociedade com a qual ele se confronta mais e mais.

A crise do sujeito norte-americano, como a crise vivida pelo sujeito latino-americano, tem variáveis diferenciais, históricas, sociais, econômicas e culturais. Talvez se possa dizer que a crise do sujeito é global ou, então, para os mais céticos, que não há crise e que a sociedade é mesmo desigual e injusta *ad aeternum.* Não há, na verdade, como esperar a reparação das graves e profundas injustiças sociais num futuro próximo. Pode-se, contudo, alimentar maiores expectativas quanto à atenuação das desigualdades sociais, mas, para isso, será necessária uma ampla reformulação na estrutura econômica mundial. A especulação financeira, a competitividade selvagem e a incultura são os males maiores a eternizarem as diferenças entre países, entre etnias e grupos sociais.

Conclusão

A PRESENTE ATUALIDADE é um fértil campo de discussão acadêmica sobre os grandes avanços no conhecimento, na informação e que propiciam mudanças na organização econômica, na inserção global e na percepção das novas realidades. Os períodos de transição entre as realidades que se descartam e as novas realidades são por si tempos de discussão, aceitação ou negação. Na passagem da modernidade da era industrial para a pós-modernidade da era informacional é natural que a transitoriedade, por mais curta que seja, gere apegos a conceitos, formulação de novos conceitos e interpretações conceituais divergentes. Do ponto de vista ontológico, discute-se, por exemplo, se estamos vivenciando, nas organizações, um período histórico denominado pós-moderno. Não há dúvida de que algumas organizações podem ser consideradas pós-modernas pelo conjunto de suas ações, pelas mudanças que operaram ou ainda pelos novos perfis que constroem. Já do ponto de vista epistemológico, a discussão se refere à pós-modernidade como nova época, na qual os paradigmas, os conceitos e as percepções da realidade impõem métodos analíticos apropriados. É uma forma de ver a realidade que não implica aceitação de metanarrativas, ou de discursos dominantes. O método mais empregado em tais análises é o da desconstrução do discurso. Outra possibilidade é a construção de um discurso coerente sobre a realidade, aceitando e assumindo posições filosóficas e ideológicas claras, sem, entretanto, tomar tal discurso como único e verdadeiro. A verdade é relativa. Existem verdades.

Ainda em relação à questão ontológica, para aceitar, por exemplo, uma arquitetura organizacional pós-moderna — arquitetura e organizações, signos importantes das modernidades e pós-modernidades —, é preciso admitir a realidade e a vivência da pós-modernidade. Como ensina Weber, as formas organizacionais reproduzem normas sociais maiores em busca da legitimidade. Assim, as organizações modernas tomaram a forma burocrática porque esta lhes garantia maior racionalidade (instrumental) e eficiência. Portanto, para aceitar uma arquitetura pós-moderna, é preciso aceitar que os valores reproduzidos pelas organizações nas suas estruturas são outros que não aqueles da antiga racionalidade instrumental. A pós-modernidade é também assinalada por um tempo de grande valorização da racionalidade instrumental e da eficiência na sociedade e nas organizações; portanto, ambas, sociedade e organizações, são modernas como nunca, porém numa dimensão transcendente, que caracteriza uma nova temporalidade, ou seja, uma pós-modernidade.

No campo estrito das organizações, é preciso lembrar que a Revolução Industrial, principalmente sua segunda onda, a revolução do aço e da eletricidade, entre 1890 a 1914, introduziu uma configuração própria de mudanças; as modernidades tinham foco na tarefa (Taylor) e foco na (arquitetura) estrutura (arquitetura) funcional (Fayol). Essa modernidade dentro da modernidade da Revolução Industrial foi importante na obra de Weber, com a construção, no período, de sua análise sobre burocracia. A primeira grande guerra, a exemplo da segunda, teve papel importante como propulsora do processo de modernização das fábricas e da sociedade como um todo. No final da década de 1940, logo após a II Guerra Mundial, a onda de mudanças introduziu nas organizações novas tecnologias e novos métodos de gestão. Na arquitetura, começou-se a prestar atenção na dimensão simbólica da vida organizacional com o trabalho seminal de Philip Selznick — *TVA and the grass roots, a study in the sociology of formal organizations*. Harvey acentuou a retomada, com maior vigor, a partir da segunda metade da década de 1970, da idéia de impulso e ecletismo da arquitetura pós-moderna, representativa da ruptura com a idéia de monotonia serial do modernismo urbano.

O sentido da mudança começa a coincidir com o significativo aumento do grau de urbanização da população e com a (re)configuração do imaginário das pessoas que fazem parte do complexo urbano. Nesse sentido, as escolas que privilegiam abordagens comportamentais, oriundas da psicologia, possuem a mesma vinculação com fatos históricos que as escolas voltadas para abordagens simbólicas. A importância atribuída às ciências biológicas, principalmente após os extraordinários avanços da biotecnologia, e sua grande contribuição para o aumento do conhecimento sobre o homem e sua interação com os outros seres vivos, na segunda metade do século XX, trouxe a visão biológica para a administração (sistemas abertos e adaptativos etc.). Por fim, a Guerra Fria desencadeou uma série de importantes abordagens de caráter ideológico na administração, como a *labour process analysis*, no Reino Unido. Nos Estados Unidos, as abordagens tiveram menos intensidade; no Brasil destacaram-se os trabalhos de Maurício Tragtenberg.

As formas organizacionais são influenciadas pelos vários elementos que constituem a natureza da atividade a ser desenvolvida, bem como o ambiente no qual ela vai operar. Esses elementos se somam, na pós-modernidade, a outros extremamente importantes, como o poder, a tecnologia, o tamanho e a estratégia, que definem uma forma organizacional apropriada a um novo contexto de tempo e espaço. Nesse ponto cabe destacar a importância da arquitetura física na estruturação e organização dos espaços produtivos e das relações sistêmicas em tempos adequados. As novas e pós-modernas estruturas físicas, distribuídas em espaços estratégicos para operarem *just in time*, como nos condomínios industriais, são uma realidade da nova atualidade.

Os estudos organizacionais ingressaram no âmbito das discussões sobre a pós-modernidade principalmente a partir da obra seminal *Modern organizations: organization studies in the postmodern world*, de Stewart R. Clegg, publicado pela editora Sage, de Londres, em 1990. Na área da geografia, deve-se destacar a importante obra de David Harvey, *A condição pós-moderna, uma pesquisa sobre as origens da mudança cultural*, publicada no Brasil pela editora Loyola, de São Paulo, em 1993 (com acentuada ênfase na presença da arquitetura como agente da pós-modernidade), e também a obra de Edward W. Soja, *Geografias pós-modernas, a reafirmação do espaço na teoria social crítica*, publicada no Brasil por Jorge Zahar editor, no Rio de Janeiro, também em 1993. No Brasil, a referência é para a obra de Milton Santos, com ênfase na natureza do espaço, nas técnicas, no lugar e na globalização. Embora a pós-modernidade, como conceito de mudança, não tenha ainda ampla aceitação, não há como negar que as profundas transformações por que passaram as diversas manifestações da atividade humana nestes últimos 30 anos caracterizam um tempo novo, não complementar à modernidade da era industrial e suas diversas ondas. Trata-se de admitir o pós-moderno como uma forma de intelectualização da ruptura com a modernidade da era industrial, que tanto condicionou a cultura, os costumes e os comportamentos psicologicamente individualizados e coletivos. Harvey salienta que técnicas pós-modernas de superposição de mundo ontologicamente diferentes não apresentam necessariamente relação entre si. Essa apreciação significa exatamente a ruptura entre os mundos moderno e pós-moderno, vinculados indissociavelmente a grandes revoluções do engenho humano: a Revolução Industrial das máquinas a vapor, a explosão e a eletricidade, e a revolução pós-industrial da microeletrônica.

Ao longo deste livro foram analisadas as circunstâncias que determinaram as mudanças no pensamento, nas tecnologias, na organização social e nas manifestações culturais, responsáveis pelas diversas modernidades e pós-modernidades. Foi um longo caminho percorrido pela humanidade, repleto de conflitos e fundamentalismos que dificultaram e atrasaram o desenvolvimento do conhecimento. A presente atualidade, ainda não totalmente liberta dos condicionamentos impostos pelos radicalismos das ideologias religiosas e políticas, avança, contudo, rapidamente para novas fronteiras do conhecimento. O paradigma cultural, com a qualificação do sujeito, assumirá, numa atualidade próxima, mais duradoura, aberta e plural, a condição humana superior.

Bibliografia

CARVALHO, Cristina Amélia; SACHS, Tatiana Régine. A internacionalização da economia chega ao terceiro setor: as relações (de)pendentes entre as ONGs do Sul e do Norte. *O & S.* Salvador, v. 8, n. 20, jan./abr. 2001.

CASTELLS, Manuel. *A sociedade em rede.* São Paulo: Paz e Terra, 1999.

CHOSSUDOVSKY, Michel. *A globalização da pobreza: impactos das reformas do FMI e do Banco Mundial.* São Paulo: Moderna, 1999.

DELLAGNELO, Eloise; MACHADO DA SILVA, Clovis. Novas formas organizacionais: onde se encontram as evidências empíricas de ruptura com o modelo burocrático de organizações? *O & S.* Salvador, v. 7, n. 19, set./dez. 2000.

FORNI, Pablo Ruiz. Las redes interorganizacionales y el desarrollo de las ONGs de base; estudios de caso en el Gran Buenos Aires durante la década del 90. *O & S.* Salvador, v. 8, n. 20, jan./abr. 2001.

FOUCAULT, Michel. *Microfísica do poder.* Rio de Janeiro: Graal, 1996.

GIDDENS, Anthony. *A constituição da sociedade.* São Paulo: Martins Fontes, 1989.

HARVEY, David. *A condição pós-moderna.* São Paulo: Loyola, 1993.

PORTER, Michael. *A vantagem competitiva das nações.* Rio de Janeiro: Campus, 1993.

SANCHEZ VÁZQUEZ, Adolfo. *Ética*. Rio de Janeiro: Civilização Brasileira, 2000.

SANTOS, Milton. *Por uma outra globalização: do pensamento único à consciência universal.* Rio de Janeiro: Record, 2000.

SASSEN, Saskia. Território e territorialidade na economia global. In: BARROSO, João Rodrigues (Coord.). *Globalização e identidade nacional.* São Paulo: Atlas, 1999. p. 100-19.

SAVOIA, Rita. Naisbitt: as megatendências. In: DE MASI, Domenico de (Org.). *A sociedade pós-industrial.* São Paulo: Senac, 1999. p. 355-66.

SEN, Amartya. *Desenvolvimento como liberdade.* São Paulo: Companhia das Letras, 2000.

TOURAINE, Alain. *Crítica da modernidade.* Petrópolis: Vozes, 1999.

VIEIRA, Eleonora Milano Falcão. *Procedimentos para construção de um portal diferenciado:* usuários com deficiência auditiva do Cefet-SC. 2001. Dissertação (Mestrado em Engenharia da Produção). Universidade Federal de Santa Catarina, Florianópolis.

VIEIRA, Euripedes Falcão; VIEIRA, Marcelo Milano Falcão. *Espaços econômicos: geoestratégia, poder e gestão do território.* Porto Alegre: Sagra-Luzzato, 2003.

VIEIRA, Marcelo Milano Falcão. *Burocracia e coletivismo:* um estudo de caso na Associação de Agricultores de Nova Ronda Alta (RS). 1989. Dissertação (Mestrado). Universidade Federal de Santa Catarina, Florianópolis.

——. Poder, objetivos e instituições como determinantes da definição de qualidade em organizações brasileiras e escocesas. *Revista de Administração Contemporânea.* Anpad, v. 1, n. 1, jan./abr. 1997.

markgraph
Rua Aguiar Moreira, 386 - Bonsucesso
Tel.: (21) 3868-5802 Fax: (21) 270-9656
e-mail: markgraph@domain.com.br
Rio de Janeiro - RJ